I0837784

2%
2% PARA EL
PLANETA

# E-GOBIERNO MUNDIAL -2% PARA EL PLANETA

**Solución al Calentamiento global**

# ÍNDICE

# INTRODUCCIÓN

El mundo avanza en globalización de la mano de la ciencia y la tecnología, sobre todo digital. Actualmente hay 194 países soberanos reconocidos por la ONU con autogobierno y completa independencia. Mientras que los 7.700 millones de habitantes en 2019 se comunican mediante 7.000 idiomas diferentes, con un 90%, hablados por menos de 100.000 personas, por tribus o poblaciones con dialectos diferentes. Está a la vista que la organización de Naciones Unidas es insuficiente para crear y consolidar unidad planetaria. Para esto hace falta la creación de un Gobierno Mundial junto a un Parlamento Global que garantice la democracia y los derechos ciudadanos.

Avanzamos rápidamente hacia la conformación de una Civilización de Grado I, es decir planetaria. Para esto hace falta un sistema de decisión política centralizado mundial, suma de recursos de capital intensivo de todo el planeta para objetivos comunes de toda la Humanidad, asegurar la paz y el bienestar de toda la población, crear un Ejército Planetario de coalición disolviendo los nacionales y un idioma universal para que no existan más barreras de lenguaje.

Estos cambios son necesarios para enfrentar tres grandes desafíos: **1) Calentamiento Global, 2) Cuarta revolución industrial y 3) Posible contacto extraterrestre hostil.**

En la **Parte I** de este escrito, se menciona que es posible que ya hayamos perdido la oportunidad, para detener el efecto de liberación de reacción en cadena explosivo de los depósitos de hidratos de gas metano submarino, en el Océano Ártico y de carbono en los demás océanos del mundo. Fenómeno que puede llegar a acontecer entre 2025 a 2027, (dato que debe precisar el comité científico del IPCC). De ser este el caso, todas las esperanzas para volver a equilibrar el clima descansan sobre lo geoingeniería: lanzamiento de partículas de sulfatos a la estratosfera para reflejar los rayos solares; el vertimiento de partículas de hierro en los océanos para nutrir al plancton que absorbe el $CO_2$; el disparo de yoduro de plata a las nubes para producir lluvia; la ingeniería genética de los cultivos para que su follaje refleje mejor la luz del sol, entre otras.

En la **Parte II** se menciona el impacto de la robótica y la IA sobre el mercado laboral. Robots más inteligentes que el hombre promedio y a un cuarto del costo de mano de obra humana amenazan con quedarse con el 80% de los puestos de trabajo del mundo en una curva que va del 2025 al 2050. Hay dos opciones: a) desocupación global y b) renta vitalicia mínima para toda la población, redistribuyendo la mayor riqueza producida por la cibernética. Al mismo tiempo se elimina el dinero como elemento de transacción y se lo suplanta por unidades de tiempo cualificado.

La **Parte III**, analiza la posibilidad de que la Tierra reciba una intrusión alíen cibernética hostil antes del 2100. Para enfrentar esta amenaza la estrategia consiste en acelerar la propia tecnología al máximo, hiperconcentrando los recursos planetarios en el corto plazo bajo modelos no convencionales.

De facto ya estamos dentro de una progresión geométrica de gobierno planetario, bajo la centralización del poder informático digital exponencial. Ya todos desde el nacimiento hemos sido digitalizados y sutilmente controlados. **Para neutralizar este poder se propone la creación del Parlamento Mundial bajo sistema de Democracia Digital Directa Global.**

De lo que se trata es de reorganizar los recursos y sistemas de gobierno del planeta para alcanzar un costo eficaz en la solución de los problemas globales. Para atender al triple flagelo del hambre, superpoblación y calentamiento global se requiere el 2% del PIB mundial anual. Y para acelerar la tecnología a un nivel que nos permita enfrentar una hipotética amenaza alíen se necesita otro 4%. Hay de dónde extraerlos. La corrupción mundial consume 5% del PIB, el turismo el 10,4% y la industria automotriz contaminante otro 10%. **Es cuestión de recortar y podar, reasignando las partidas.**

# PARTE I

## E-GOBIERNO MUNDIAL - 2% DEL PIB PARA EL PLANETA

## INTRODUCCIÓN

El Calentamiento Global es una amenaza mundial de escala, para frenarlo se requieren recursos globales: 2% del PIB mundial.

El proyecto **"2% del PIB para el Planeta"** es una solución única e integral. Los compromisos asumidos por el conjunto de los países durante la COP21 y subsiguientes, son insuficientes para garantizar un calentamiento estabilizado en el umbral de 1,5ºC. Ya estamos con 410 ppm de CO2 libre en la atmósfera y romperemos la barrera de 450 ppm en 2030 o antes. Entonces llegaremos a 2ºC más de temperatura promedio global. Y, según el Dr. James Hansen los océanos podrán ascender entre los 8 a 20 metros como aconteció durante el período Eemiano. También para 2030 acontecerá el deshielo completo del Polo Norte durante los veranos, fenómeno que recalentará las aguas del Océano Ártico y acelerará el descongelamiento de los macizos glaciares de Groenlandia.

- **¿Qué hacer en forma inmediata y eficaz?**
- **¿Cómo reducir la contaminación por carbono en un 80% en todo el mundo a un mismo tiempo?**
- **¿Cómo volver a regular inteligentemente el clima global?**
- **¿Cómo terminar con el hambre, pandemias y pobreza extrema en todo el planeta para siempre?**
- **¿Cómo acabar con la corrupción política, las guerras, el crimen organizado y la deshumanización tecnológica?**
- **¿Cómo redistribuir la mayor riqueza que producirán los robots y la IA a cargo de la fuerza de trabajo y la producción?**

La respuesta a todas estas preguntas vitales es mediante un cambio, aplicando una reingeniería sobre el sistema social de producción-consumo y a partir de la reorganización político administrativa del planeta... **Hay que ser claros, en vista de los problemas en ciernes, o se opta por este plan o similar, o el caos total.**

Hemos contactado casi 150 gobiernos en forma directa mediante e-mails e igual número de embajadas, repetimos lo mismo con legisladores, científicos, políticos, universidades y casi mil organizaciones ecologistas.

La verdad es que todavía hay escasa conciencia ecológica a nivel mundial e individual. Todos viven el momento y no ven cómo avanza el deterioro dramático del medio ambiente. Con la Cumbre de París COP21 esto quedo en evidencia, todos los movimientos verdes del planeta no lograron sumar más de 1 millón de activistas. El resto de la inmensa población vive narcotizada por las mieles del consumo.

**La cuestión esencial es de cuánto tiempo disponemos...**


## RESEÑA

Resulta bajo todo punto de vista incoherente un sistema mundial que ya consume 2% del PIB global en gastos militares, otro 5% en corrupción, otro 2% en lavado de dinero, otro 2% en tabaquismo, otro 2% en narcotráfico y otro 2% en telefonía celular **(15% del PIB total en gastos superfluos)...** Mientras se niega a aportar un fondo del 2% para Salvar a todo el Planeta... El Programa de la ONU para el Medioambiente (PNUMA) aconseja destinar un 2% para la economía verde... **¡¿qué estamos esperando?!**

* El PNUMA indicó en 2010 que si cada año se destinara el 2% del PIB mundial a iniciativas sustentables, la economía mundial crecería al mismo ritmo que ahora, pero sin agravar el agotamiento de los recursos y con un menor nivel de emisiones contaminantes. Ver el informe: "Towards a Green Economy: Pathways to Sustainable Development and Poverty Eradication".

https://sustainabledevelopment.un.org/content/documents/126GER_synthesis_en.pdf

Con estos fondos será posible destinar un presupuesto anual de 500 mil millones de U$S para terminar con el hambre mundial, pandemias y mitigar la pobreza extrema. También será posible activar un programa de plantación de 30 mil millones de árboles (kiri) por año para capturar CO2 en los troncos para posteriormente enterrarlos y devolver este gas de efecto invernadero al subsuelo y retornar a las 350 ppm libre en la atmósfera. Así como pasar a los autos a hidrógeno y eléctricos, acelerar los reactores a fusión, descontaminar los océanos, salvar Amazonia, el Ártico y recuperar los caladeros, combatir la corrupción mundial, el narcotráfico, la trata y el terrorismo.

Para administrar los recursos se propone un E-Gobierno Planetario presidencialista con incumbencias en áreas ecológicas y globales, controlado por un sistema de Democracia Digital Directa Global integrado por la ciudadanía mundial, y asesorado por un Consejo de las Ciencias formado por científicos.

Debido a que la robótica destruirá la relación entre el capital y el trabajo suplantando al 80% de la mano de obra, se propone reemplazar el dinero por tiempo cualificado y dejar atrás el modelo del capital. Esto permitirá una renta vitalicia mínima para todo ciudadano de por vida.

En pocos años más el Polo Norte se descongelará completamente durante los veranos. El efecto albedo ya no estará presente y las aguas del océano ártico empezarán a recalentarse, entonces los enormes depósitos de hidratos de gas metano, 35 veces más eficiente que el CO2 en efecto invernadero, comenzarán a liberarse desde el fondo marino hacia la atmósfera. La temperatura promedio global podrá ascender hasta 6° C y 12° C en ambos polos, con lo cual los glaciares se descongelarán a ritmo acelerado.


## PROYECTO

El proyecto **2% del PIB para el Planeta** es coordinado a nivel mundial por un E-Gobierno Planetario con incumbencias en temas ecológicos, controlado por un sistema de Democracia Digital Directa Global del que participan todos los ciudadanos integrando el Parlamento Mundial, encargado de promulgar las leyes, nombrar y destituir a las autoridades del ejecutivo universal. Este Parlamento es asesorado por un Consejo de las Ciencias integrado por científicos de primer nivel de todos los continentes, responsable por exponer los aspectos críticos de cada nueva ley en tratamiento.

Se requiere un E-Gobierno Planetario bajo una forma presidencialista de poder ejecutivo para resolver los problemas globales. Con mandato renovable cada cuatro años.

## PROPUESTA:

- 1 Presidente
- 1 Parlamento
- 1 Economía
- 1 Sistema que reemplace al dinero
- 1 Ejército Planetario
- 1 Carta Magna
- Sin fronteras
- 1 Integración Consensuada Total
- 1 Idioma universal
- Abolición de la Pobreza Extrema
- Control Natalicio

Así como las provincias no gozan de poder soberano absoluto, dentro de la nueva organización mundial, tampoco los Estados tendrán poder soberano absoluto, ya que existirá una nueva estructura supranacional que pasarán a integrar.

Esta cesión de derechos será lógicamente resistida por los factores de poder que obtienen beneficios del estatus quo actual, pero la evolución de la historia nunca pudo ser detenida por los intereses de las minorías.

La integración del Parlamento Mundial es directamente con todos los ciudadanos, utilizando para esto la tecnología digital.

En principio el presidente planetario tendrá incumbencias limitadas a los problemas globales, como el hambre, el calentamiento global, el narcotráfico, las catástrofes medioambientales etc., y estará al mando de la Fuerza de los Cascos Verdes.

La existencia de fondos mundiales crea la necesidad de una superestructura administrativa y de ahí el paso hacia el E-Gobierno Planetario de coalición.

La superpoblación, el hambre, el calentamiento global, el narcotráfico, la corrupción, las catástrofes medioambientales, sobrepasan la capacidad de respuesta de las naciones en forma individual. Para resolver las crisis globales es necesario crear nuevos instrumentos de gobierno centralizados a nivel mundial, que garanticen la seguridad, la paz, el progreso y el bienestar al conjunto de los habitantes del globo.

Para que puedan darse las circunstancias mundiales objetivas externas que permitan la creación del Primer E-Gobierno Planetario, debe presentarse una crisis lo suficientemente general, cuya atención y solución demande la concentración de todos los recursos humanos, económicos y técnicos del planeta.

Este cuadro previo de crisis es el planteado por la anomalía climática, o Calentamiento-Inundación Global. Pero no existe suficiente carga exógena actual, debido a que se considera que el fenómeno no representa un peligro inmediato sino en el mediano y largo plazo, para las próximas décadas.

Otra es la realidad, si la anomalía climática se acelerara. De ocurrir, el tiempo de reacción y reorganización de todos los recursos del planeta, ya no es en términos de décadas sino de años. Razón suficiente para decidir activar un cambio de modelo sobre los sistemas de gobierno de todo el planeta. Esta ya puede acontecer a partir de lo que sucedió con el deshielo del 97% de la superficie de los glaciares de Groenlandia en julio de 2012. Esto se puede repetir en mayor escala e intensidad si se descongela el Polo Norte por completo.

## ACCIONES:

## MASTER PLAN PARA SALVAR AL PLANETA

1) Creación del E-Gobierno Planetario bajo sistema de Democracia Digital Directa asesorado por un Consejo de las Ciencias integrado por científicos.

2) El poder ejecutivo del EGP tendrá carácter presidencialista, con mandato durante 4 años y con opción a un segundo período por otros 4 años.

3) La Democracia Digital Directa funciona mediante internet y todos los ciudadanos a partir de los 16 años de edad están habilitados para votar las leyes que ordenan y regulan a todo el planeta, sin necesidad de representantes legislativos. Puede también destituir a las autoridades mundiales vigentes por incumplimiento de sus funciones.

4) El Consejo de las Ciencias tiene por función asesorar al Poder Legislativo Mundial, integrado por todos los ciudadanos capacitados para votar, aportando base científica a sus argumentaciones. Está integrado por una red planetaria de científicos de primer nivel.

5) El objetivo del EGP es asegurar la paz, el progreso y la habitabilidad del planeta para todas las generaciones, por tanto es la máxima autoridad mundial y los gobiernos nacionales quedan obligados a someterse a sus leyes.

6) El EGP tiene plenas facultades para disponer la intervención sobre cualquier jurisdicción nacional, que no proteja recursos naturales existentes en su territorio, que sean vitales para el resto de la población del planeta.

7) Se dispondrá la creación de un solo Ejercito Planetario, formando una coalición de Estados miembros que acepten esta iniciativa y al hacerlo disuelvan sus fuerzas armadas nacionales en función de racionalizar recursos.

8) Se creará la fuerza de los Cascos Verdes para intervenir en conflictos medioambientales.

9) Se adoptará como segundo idioma universal el inglés y se dispondrá que sea enseñado en todos los sistemas educativos del mundo.

10)   El EGP se financiará con el aporte del 2% del PIB mundial, para esto aplicará una tasa del 0,3% sobre el sistema financiero internacional y nacional. Si tal tasa fuera insuficiente se aplicará un impuesto del 8% sobre las ganancias de las petroleras que operen en cada país, y si esto tampoco bastara se apelará a recaudar hasta el 5% del beneficio neto de las multinacionales. Como alternativa se quitará el subsidio de cerca de 1 billón de dólares a las petroleras, gas y carbón, mientras que la creación del Ejercito Planetario permite el ahorro de otro billón.

11)   Por consulta popular la ciudadanía votará si está de acuerdo con la formación de un E-Gobierno Planetario, bajo forma presidencialista de poder ejecutivo, renovable cada cuatro años, con incumbencias limitadas a resolver los problemas globales. Mediante voto por internet 7.700 millones podremos decidir el futuro de nuestro planeta y la supervisión podrá ser ejercida por Naciones Unidas. La mitad más uno de todos los votos habilitará la creación del EGP.

12)   Se contratará a los gigantes del software – Google y Microsoft- a los fines de desarrollar un sistema que haga posible el monitoreo online de cada centavo de dólar, desde que es asignado o donado, hasta su destino final. Cualquier usuario por la web podrá hacer el seguimiento.

## OBJETIVOS:

Con el 2% del PIB mundial, en forma anual, se podrá:

1. Abolir la pobreza extrema en toda la Tierra, para siempre.

2. No morirá más ningún niño de hambre y por enfermedades evitables.

3. Reverdecerán los bosques, se plantarán 30 mil millones de árboles por año.

4. Se renovará la tecnología para dejar de contaminar.

5. Se reemplazará el parque automotor por otro a hidrógeno y eléctrico.

6. Se desarrollarán energías alternativas en reemplazo del petróleo y el carbón.

7. Se descontaminarán los océanos.

8. Se salvará Amazonia y el Ártico.

9. Se limitará la superpoblación.

10. Habrá partidas para catástrofes medioambientales.

11. Se combatirá el terrorismo.

12. Se combatirá el narcotráfico internacional.

13. Se desarticulará la criminalidad y la corrupción organizada.

14. Se preservarán los ecosistemas.

**Además se cumplirá con los objetivos de desarrollo del milenio de Naciones Unidas:**

1. Erradicar la pobreza extrema y el hambre.

2. Lograr la enseñanza primaria universal.

3. Promover la igualdad entre los géneros y la autonomía de la mujer.

4. Reducir la mortalidad infantil.

5. Mejorar la salud materna.

6. Combatir el VIH/SIIDA, el paludismo y otras enfermedades.

7. Garantizar la sostenibilidad del medio ambiente.

8. Fomentar una asociación mundial para el desarrollo.

**¿Qué hace falta para este Cambio Positivo Mundial?**

El Master Plan debe ser expuesto y debatido en Naciones Unidas. Seguidamente convocar a un plebiscito mundial para aprobar mediante mayoría simple la creación del EGP de Coalición y el sistema de Democracia Digital Directa Global. Todos nos garantizaremos así la participación en el perfeccionamiento de un mundo nuevo de libertades y responsabilidades al servicio de los ciudadanos planetarios.

# CAMBIO CLIMÁTICO IRREVERSIBLE

**De acuerdo con los científicos la fecha límite es el año 2020 para que el cambio climático sea irreversible.** Ya llegamos a 410 ppm de CO2 y pasaremos la barrera de 450 antes del 2030. El Dr. James Hansen nos advierte que con 1º C más de temperatura global promedio los océanos podrán ascender hasta 8 metros. Con este panorama habrá en el mundo alrededor de 600 millones de evacuados en las ciudades costeras. Este futuro se nos aproxima antes del 2050... Todavía tenemos la opción racional de evitarlo. Todos somos igualmente responsables. Debemos actuar ¡ya!

Entre el 2030 al 2050 los océanos se elevarán el primer medio metro, para después llegar a 6 y 8 metros o más inclusive. Pero con la llegada del primer medio metro los precios de las propiedades ubicadas en todas las ciudades costeras del mundo se desplomarán. **Nadie podrá venderlas. No valdrán nada.** Porque todos sabrán que están condenadas a inundarse. Esto es como 2+2=4, irreversible...

En pocos años más el Polo Norte se descongelará completamente durante los veranos. El efecto albedo ya no estará presente y las aguas del océano ártico empezarán a recalentarse, entonces los enormes depósitos de hidratos de gas metano, 35 veces más eficiente que el CO2 en efecto invernadero, comenzarán a liberarse desde el fondo marino hacia la atmósfera. La temperatura promedio global podrá ascender abruptamente hasta 6º C y 12º C en ambos polos, con lo cual los glaciares se descongelarán a ritmo acelerado. Si esto acontece el agua contenida en los glaciares de Groenlandia harán ascender los océanos del mundo 7 metros, y los glaciares de Antártida hasta 70 metros. ¿Cuándo sucederá esto? Apenas se descongele por completo el Ártico… es decir, **¡¡¡pronto!!!**

Para administrar los recursos se propone un E-Gobierno Planetario presidencialista con incumbencias en áreas ecológicas y globales, controlado por un sistema de Democracia Digital Directa Global integrado por la ciudadanía mundial, y asesorado por un Consejo de las Ciencias formado por científicos.

Debido a que la robótica destruirá la relación entre el capital y el trabajo suplantando al 80% de la mano de obra para el 2050, se propone reemplazar el dinero por tiempo cualificado y dejar atrás el modelo del capital. Esto permitirá una renta vitalicia mínima para todo ciudadano de por vida.


## ¿POR QUÉ EL 2% DEL PIB MUNDIAL?

Sir Nicholas Stern definió que debe invertirse el 1º del PIB para frenar al calentamiento global. **Lo aumentamos al 2% incluyendo la erradicación del hambre y la pobreza extrema.**

Nuestras acciones en las décadas inmediatamente venideras pueden implicar el riesgo de una disrupción de la actividad económica y social durante el resto de este siglo y el siguiente, de una escala parecida a la de las grandes guerras mundiales y la Gran Depresión. Esta es la conclusión del informe del economista Sir Nicholas Stern por encargo del gobierno del Reino Unido y que fue publicado el 30 de octubre de 2006.

Sus principales conclusiones afirman que se necesita una inversión equivalente al 1% del PIB mundial para mitigar los efectos del cambio climático y que de no hacerse dicha inversión el mundo se expondría a una **recesión que podría alcanzar el 20% del PIB**

**global.** El informe también sugiere la imposición de ecotasas para minimizar los desequilibrios socioeconómicos.

El Programa de Naciones Unidas para el Medio Ambiente (PNUMA), propuso destinar un 2% del PIB anual mundial aplicando: un 0.5% a sectores del capital natural (bosques, agricultura, agua dulce y pesca); un 1% en mejorar la eficiencia energética y en el uso de energías renovables (fundamentalmente aplicado a la construcción, industria y transporte), y el porcentaje restante a residuos y transporte público.

## APLICACIÓN DE FONDOS DEL 2% DEL PIB

1.   500 mil millones de U$S/año para erradicar el hambre, enfermedades y mitigar la pobreza extrema.

2.   30 mil millones de U$S/año para plantar 30 mil millones de árboles/año y capturar CO2 en los troncos y regular el clima.

3.   250 mil millones de U$S (partida única) para acelerar con urgencia el desarrollo de los reactores de fusión y reemplazar la matriz energética basada hoy en los hidrocarburos y el carbón.

4.   100 mil millones de U$S/año para descontaminar los océanos y recuperar los caladeros, salvar Amazonia y el Ártico.

5.   3 mil millones de U$S/año para desarrollar tecnología para el desvío de asteroides que puedan impactar la Tierra. Esto es necesario hacerlo para prevenir este riesgo constante.

7.   Un billón de U$S/año para financiar el Ejército Planetario que reemplazará a los nacionales.

8.   250 mil millones de U$S (partida única) para catástrofes medioambientales.

9.   300 mil millones de U$S/año para el desarrollo de las energías alternativas.

## OBJETIVOS SECUNDARIOS

- Creación de la Comisión de ONGs de Cooperación y Voluntariado Universal del Fondo Solidario.
- Convocatoria para presentación de programas de las ONGs para erradicar el hambre, enfermedades y la pobreza en el planeta, financiados por el Fondo Solidario.
- Uso de los mayores recursos tecnológicos y humanos en lograr terminar con el hambre, superpoblación y Calentamiento Global.
- Proyectos de formas políticas y humanitarias para generar el Cambio Positivo Mundial deseado.
- Estudio de estrategias para lograr el apoyo de la mayor parte de la población y entidades al Fondo Solidario.

# PLANTAR 30 MIL MILLONES DE ÁRBOLES

Plantar 30 mil millones de árboles por año permitirá capturar $CO_2$, enterrando luego los troncos y procediendo a una regulación inteligente del clima global

## REVERDECERÁN LOS BOSQUES DEL PLANETA

Se podrán plantar 30 mil millones de nuevos árboles por año (talamos 15 mil millones por año, la superficie equivalente de Portugal) y proceder a enterrar luego los troncos, atrapando el $CO_2$ y devolviendo este gas de efecto invernadero al subsuelo y procediendo a un control inteligente del clima global, mediante la regulación del dióxido de carbono libre en la atmósfera. Haciendo reverdecer los bosques del planeta. La tarea la realizará la multinacional AEON del Japón con experiencia en recuperación de bosques, para no repetir los errores cometidos con los créditos verdes. El calentamiento global está convirtiendo en zonas aptas para nuevos bosques los desiertos helados de Canadá y Siberia del Norte, por lo que no se invadirán zonas agrícolas en el desarrollo de este proyecto.

Se destinarán 30 mil millones de U$S por año a este propósito. El proyecto de Reforestación Global permitirá pasar de la crisis climática al completo control del clima planetario mediante la regulación del CO2 libre en la atmósfera. Se han desarrollado nuevas técnicas para siembras masivas, que utilizan aviones que ametrallan con semillas los suelos aptos. Por lo que la recuperación de bosques puede realizarse en el mediano plazo y en el tiempo de una generación lograr la Humanidad interactuar inteligentemente con el clima mundial produciendo una temperatura promedio adecuada para la mejor sustentabilidad.

También se recuperará el Ártico, se salvará Amazonia y se descontaminarán los océanos, protegiendo a la biodiversidad.

## QUIENES ASUMIRÁN LAS INICIATIVAS

La iniciativa del Proyecto EGP financiado con el 2% del PIB mundial, bajo sistema de Democracia Digital Directa Global, debe ser asumida desde el seno de las Naciones Unidas. Desde allí convocar a un plebiscito internacional y someter el Master Plan a votación de toda la ciudadanía planetaria. Se aprueba con la mitad más uno de los votos. A partir de ese momento la coordinación de las acciones, en combinación con las distintas naciones, queda a cargo del poder ejecutivo planetario instaurado con incumbencias ecológicas globales y las leyes son promulgadas por el Parlamento Mundial integrado por todos los ciudadanos del orbe a partir de los 16 años de edad.

## DÓNDE SE APLICARÁN LAS ACCIONES

Las acciones del Master Plan para Salvar el Planeta son globales, se aplican sobre todos los biomas y ecosistemas, incluyendo las ciudades. El Fondo Verde anual del 2% del PIB mundial provee la financiación eficaz necesaria y suficiente para activar los programas de salvación del Ártico, Amazonia, descontaminación de los Océanos, recuperación de los caladeros, recuperación de bosques, recuperación de la biodiversidad, inversión en energías alternativas, reingeniería de escala para ciudades inteligentes, etc.

El Consejo Asesor integrado por científicos de primer nivel de todos los continentes que funciona con el Parlamento Mundial selecciona los proyectos a ser financiados con el Fondo Verde y que sean más beneficiosos para la pronta recuperación del termoequilibrio planetario y medioambiental.

## IMPACTO SOBRE LAS EMISIONES DE CO2

Una vez activo el Master Plan para Salvar el Planeta se dispondrán de los fondos suficientes para invertir intensivamente en el desarrollo de reactores de fusión, lo que permitirá el reemplazo de centrales térmicas de electricidad que funcionan a petróleo, gas y carbón. También se reemplazarán los autos a explosión por otros eléctricos y a hidrógeno. Esto reducirá las emisiones de CO2 en un 80% en el corto plazo. **Al mismo tiempo la plantación de 30 mil millones de árboles por año, de la especie de crecimiento rápido, kiri, permitirá extraer un promedio de 1,5 ppm de CO2 anual que podrá ser atrapado en los troncos y luego enterrado en el subsuelo.** También se podrá invertir intensivamente en los ventiladores gigantes capaces de atrapar el CO2 del aire para, después, convertirlo en combustible.

Por sobre otros proyectos **2% del PIB para el Planeta** permite frenar en el corto plazo la contaminación y el calentamiento global, y revertir ambos problemas en el mediano y en el largo plazo.

## OTROS BENEFICIOS

El Proyecto EGP - **2% del PIB para el Planeta** es aglutinador y omni distributivo. Permite activar y desarrollar múltiples proyectos clave para la salud del medio ambiente en territorios vírgenes, en el campo y en las ciudades. A nivel social nos integra a todos con un E-Gobierno Planetario y nos involucra participativamente con la Democracia Digital Directa Global. A nivel de las naciones pone límites sobre la soberanía ecológica y determina intervenciones cuando no se protege debidamente a las reservas naturales estratégicas para la Humanidad.

El Fondo Verde del **2% del PIB para el Planeta** se redistribuye equitativamente entre todos los territorios nacionales para que se puedan aplicar y desarrollar proyectos ambientales a nivel nacional y local en ciudades.

## COSTOS DEL PROYECTO

Los costos económicos del proyecto son el equivalente al 2% del PIB mundial en forma anual. Este es el esfuerzo que es necesario realizar para terminar con el hambre mundial, detener la bomba de la superpoblación y frenar el calentamiento global.

Para evitar los efectos distorsivos de la corrupción y de la incorrecta administración de los recursos, se invita a los gigantes del  software – Microsoft y Google- para que desarrollen un programa online que permita el seguimiento de cada centavo de dólar del Fondo, o que sea donado, hasta su destino final. Y que pueda ser monitoreado por cualquier usuario.

## LÍNEA DE TIEMPO

En el período de 1-15 años (corto plazo) se podrá terminar con el hambre mundial, pandemias y mitigar la pobreza extrema en todo el planeta. Reducir la contaminación de $CO_2$ en un 80% y estabilizar la temperatura promedio global por debajo del umbral de 1,5º C.

En el período de 15-50 años (mediano plazo) se habrá estabilizado la superpoblación. Habrá 0 tendencia de contaminación por $CO_2$. El Ártico estará en recuperación junto con Amazonia y la biodiversidad y los océanos, habrá seguridad alimentaria para toda la población.

En el período de 50-100 años (largo plazo) habrá descendido el $CO_2$ a 380 ppm y la temperatura global descendido 1º  C, recuperándose el balance en el termoequilibrio del planeta.

## PROPUESTAS RELACIONADAS

No hay ninguna otra propuesta relacionada directamente con **2% del PIB para el Planeta.** Indirectamente todas están relacionadas, porque dependen de la puesta en marcha de este proyecto para obtener financiación para su curso de acción.

# IDIOMA UNIVERSAL

Mediante una simple decisión política todos podemos comunicarnos mediante un segundo idioma universal, utilizando en la práctica el inglés que ya está adoptado como lengua internacional. Si se implementa la medida en el plazo de 5 años, todos los habitantes de la Tierra podremos hablar una misma segunda lengua.

# DEMOCRACIA DIGITAL DIRECTA

Hoy la tecnología digital nos permite avanzar hacia modernas formas de Democracia Digital Directa con un Consejo Asesor integrado por un Comité de Científicos. El voto electrónico puede canalizarse mediante los e-mails fidelizados a partir de los números de documentos de identidad, protegidos con tres claves de seguridad inviolables.

Gracias al adelanto en las modernas tecnologías digitales es posible avanzar hacia formas de democracia directa. Esto pondrá fin a la era de los partidos políticos y la corrupción por dentro del sistema de poder.

Los e-mails pueden evolucionar para admitir el voto electrónico y la nueva modalidad podrá financiarse si las cuentas de correo son pagas, en principio, a partir de un dólar por mes.

Los correos electrónicos deberán fidelizarse con el número de documento de cada persona. Esto generará un costo y por eso el precio de un dólar por mes, que podrá ser temporario. El gigante Google puede ser el que realice la prueba piloto en Estados Unidos, país ideal para desarrollar experimentalmente la democracia digital directa.

No existirán más los legisladores o representantes del pueblo. Será éste el que votará directamente las leyes, a los miembros del poder ejecutivo, policial, militar y judicial, y será asesorado previamente por un Consejo de las Ciencias. También por votación directa podrán ser depuestos de sus funciones los funcionarios irresponsables o corruptos.

El poder absoluto residirá en el Parlamento Mundial, conformado por todo el pueblo, que tendrá acceso al voto electrónico, mediante internet.

Por ley, los medios audiovisuales modificarán sus contenidos, dedicando el 80% de los mismos a la formación en ciencia y arte de los usuarios y el otro 20% quedará dedicado al entretenimiento. En la sociedad del conocimiento, emergente, el tiempo tendrá un concepto de valor fundamental y se educará para no desperdiciarlo en banalidades. La mediocridad será vista como la peor enfermedad posible.

El cambio será tan drástico que la nueva mentalidad y las nuevas libertades, observarán la era anterior como un período de oscuridad y esclavitud.


## SUPLANTAR AL DINERO

 El dinero es una convención abstracta que representa el trabajo o energía humana. Mediante la plusvalía puede acumularse el interés sobre el capital y de esta forma multiplicarse el dinero. Dentro de una sociedad cibernética, el dinero podrá ser reemplazado directamente por el valor real, o sea el tiempo cualificado. Esto eliminará a los pobres y a los millonarios al mismo tiempo, universalizando una clase media de alto estándar de calidad de vida.

Los medios electrónicos permitirán que aparatos como el celular, que podrán ser usados en brazaletes o en anteojos de realidad ampliada, sirvan de soporte para las transacciones instantáneas.

Los sujetos más creativos dentro de la sociedad, serán los que podrán acumular mayor cantidad de crédito y disfrutar de mayor acceso a los distintos servicios. Se premiará el conocimiento y no existirá más la necesidad de hacer negocios. Al no existir más el dinero, dejará de ser la meta principal el acumularlo. El nuevo patrón de objetivos serán los méritos científicos y artísticos.

Todos tendrán asegurados las necesidades básicas, de acuerdo con sus derechos universales. El tiempo cualificado por la prestación de sus servicios comunitarios, es un adicional que les brinda acceso a un nivel superior de bienes. Recordemos que la fuerza de trabajo ha sido sustituida por los robots y por la inteligencia artificial, en todas las tareas repetitivas.

A su vez, en la reestructuración de la sociedad mundial, todo ciudadano al nacer debe gozar de los siguientes derechos garantizados:

1. **Total acceso a la salud.**

2. **Total acceso a una sana alimentación.**

3. **Total acceso libre y gratuito a la educación.**

4. **Total acceso a una vivienda digna.**

5. **Total acceso a un trabajo digno.**

6. **Total acceso al gobierno digitalizado.**

El dinero no existirá, como contraprestación por los derechos universales básicos, cada individuo está obligado a una carga horaria para brindar servicios comunitarios específicos, dentro del nuevo sistema emergente. Dado que las tareas repetitivas y físicas las cumplen los robots, los humanos se dedican a las acciones intelectuales y creativas. Este modelo social será habitual a fines del presente Siglo XXI.

## SERIE DE CATACLISMOS

Según un reportaje publicado en New York Magazine bajo el autor David Wallace-Wells, a la humanidad le espera una serie de cataclismos en cascada que amenaza su supervivencia futura... Lo primero que señala el artículo es que la anomalía climática va mucho más rápido que la política. Define que limitar el calentamiento global a 2º C en relación con la temperatura preindustrial, tal como se convino en el acuerdo de París (2015), no es para nada realista. La inercia de la contaminación ambiental actual nos conduce a un calentamiento de 4º C, incluso podemos romper la barrera de los 8º C.

El permafrost es una verdadera bomba ecológica a punto de estallar en el Ártico, contiene 1,85 billones de toneladas métricas de carbono. Más del doble acumulado actualmente en la atmósfera. La temperatura promedio global no para de ascender año tras año, con lo cual estos inmensos depósitos tienden a liberarse en forma de gas metano, con una potencia 35 veces mayor que la del CO2 para calentar la atmósfera. Esto crea las condiciones para un efecto de reacción en cadena donde la temperatura puede aumentar entre los 6º C a 12º C en los polos y descongelarse aceleradamente ambos polos. Los datos científicos apuntan que la última vez que la temperatura global de la Tierra subió 4º C, el nivel de los océanos ascendió varias decenas de metros. Cabe acotar que el proceso de liberación del permafrost es mediante una retroacción explosiva: aumenta el calor y se libera más permafrost y gas metano, sube más la temperatura y se libera todavía más metano. Se trata de un proceso acelerado y abrupto una vez que se llega al umbral crítico.

Acelerado por la liberación de metano en el Ártico, hace 252 millones de años, la gran extinción comenzó con un calentamiento de 5° C. Exterminó al 97% de las especies vivas de esa época. El dato que mueve a preocupación es que la tasa de carbono aumenta ahora el doble de rápido que en aquella era.

**Está en marcha una gran 6° extinción masiva causada por la alta contaminación y depredación humana.** Huir de la costa no será suficiente para sobrevivir. Si la temperatura global asciende a 7° C ya no será posible vivir en las regiones ecuatoriales, pero si la temperatura escala hasta los 12° C, la mitad de la población mundial perecerá por el calor a menos que emigre hacia zonas cercanas a los polos. Pero existe otro peligro mayor, estas altas temperaturas harán imposible la supervivencia del fitoplancton ecuatorial, responsable por un alto porcentaje del oxígeno planetario. Al descender la tasa de este gas vital, morirán los animales y junto con ellos gran parte de la humanidad.

Por si faltara por cada grado de calentamiento adicional disminuye un 10% el rendimiento agrícola. Si sube 4° C promedio, la merma será del 40%. Si a esto le añadimos una superpoblación de 9 a 12 mil millones para el 2050 habrá una hambruna épica. La recuperación de tierras que provocará el calentamiento no será suficiente para suplir la pérdida de cultivos, según científicos.

La otra calamidad serán las sequías extremas y persistentes, multiplicándose por todas partes donde hoy se producen alimentos.

El deshielo libera sorpresas, entre ellas virus y bacterias conservados durante miles o millones de años, para los cuales actualmente nuestro sistema inmunológico no está preparado. Se cree que la peste bubónica o la viruela están emergiendo del deshielo siberiano. En Alaska, recuerda el artículo, ya se han encontrado rastros de la gripe española que en 1918 infestó a 500 millones de personas y mató a 100 millones, entonces el 5% de la población mundial. Mientras, las enfermedades actuales pueden mutar por efecto del cambio climático. Lo más simple, invadir nuevos biomas al modificarse las franjas de temperatura.

La contaminación por carbono pone en riesgo nuestra capacidad cerebral. Según los científicos si esta aumenta a 1.000 partículas por millón (ppm), las capacidades cognitivas humanas caerán un 21% promedio.

La contaminación del aire aumenta también el riesgo de autismo cuando es respirado por mujeres embarazadas, al mismo tiempo que los incendios forestales pueden ser el doble de destructivos en 2050, con el aumento consiguiente de partículas tóxicas, destaca el artículo.

Las sequías tienen un efecto social añadido: la inestabilidad social que conduce a la guerra: por cada grado de aumento en la temperatura, crece entre un 10% y un 20% la probabilidad de que estalle un conflicto armado, según un estudio de Marshall Burke y Solomon Hsiang citado por la revista.

Cada grado de calentamiento cuesta en promedio 1,5 puntos del PIB. Se considera que a fines de siglo se tendrá una pérdida por persona del 23%, como consecuencia de tempestades, violencias, pérdida de cultivos, energía, mortalidad, etc.

Según la OCDE la productividad global puede caer más de un 50% de aquí a 2100 debido al calentamiento global.

Además de la contaminación por plásticos, los océanos se están envenenando por carbono, ya que absorben la tercera parte de lo que emitimos hacia la atmósfera. Esto causa su acidificación y ya la muerte del 50% de los corales.

Esta absorción de carbono desencadena un círculo vicioso: la falta de oxigenación del agua propicia el desarrollo de bacterias que disminuyen aún más el oxígeno disponible, aumentando las zonas muertas en las aguas profundas y después en la superficie. Hay unas 3.000 gigatoneladas de hidratos de gas metano submarino. Hay 3.000 veces más metano en los hidratos de los fondos marinos que en la atmósfera, por lo que su liberación podría causar un desastre de proporciones inimaginables. El descongelamiento del Polo Norte calentará las aguas del Océano Ártico y esto podrá causar un ciclo de liberación del metano submarino de esa región.

# EL GOBIERNO PLANETARIO PUEDE ACABAR EN TIRANÍA SIN DEMOCRACIA DIGITAL DIRECTA GLOBAL

"La idea del Gobierno Planetario es una utopía que puede llevar a la tiranía puesto en práctica, veamos qué ocurre hoy, 2018, en países de extrema derecha y vinculados con el terrorismo y el narcotráfico", advirtió el arquitecto Roberto Gomes, autor del Master Plan para Salvar al Planeta.

Agregó que **"dejar un poder casi absoluto sobre el mundo, en cuestiones globales, en pocas manos, como ya están** proponiendo algunas alternativas, no es una garantía absoluta, sobre que el sistema de poder no caerá en manos inescrupulosas"** y agregó **"hoy gracias al impresionante** avance de las tecnologías digitales hemos perdido privacidad, estamos siendo totalmente controlados, si esto que ya está sucediendo se suma a un sistema de poder global totalitario, entramos en un embudo o agujero negro virtual, del que no podremos escapar... seremos esclavizados para siempre, convertidos en simples robots orgánicos dentro de una organización social cibernética, gobernada por unos pocos burócratas privilegiados "**.

Sobre cómo prevenir este efecto negativo, definió que **"la solución es transferir poder a las personas y la forma es la Democracia Digital Directa Global dentro de un E-Gobierno Planetario. Es** decir, el gobierno electrónico presidencial se integra y controla por un Parlamento Mundial en el cual participan todos los ciudadanos del planeta a partir de los 16 años. Votan por Internet y se encargan de dar tratamiento y aprobación a las nuevas leyes que regulan asuntos globales. Es asesorado por un Consejo de las Ciencias, conformado por destacados científicos de todos los continentes, responsables de exponer los aspectos positivos y negativos de cada tema ante toda la población mundial, antes de cada votación, y las personas tienen el poder de destituir a cualquier funcionario que falle en sus funciones. "**

Dijo además que "**hoy día la escala de los problemas globales es tal, que se necesita la coordinación bajo la forma de un E-Gobierno Planetario, pero debemos asegurarnos de tener todas las garantías para garantizarnos el máximo de libertades, más de las que gozamos a la fecha. Mediante internet hoy es posible reintegrar el poder público hacia la ciudadanía y constituir una democracia digital directa global**".

"**De acuerdo a nuestras elecciones la tecnología intensificada de las próximas décadas nos permitirá ingresar en el nivel de Civilización de Grado I, es decir planetaria. Y lo haremos bajo una de dos opciones, como un colectivo abierto y benigno, o como otro totalitario y maligno. Depende de todos y cada uno de nosotros el destino que nos aguarda en los próximos 30 años**", dijo

También expresó que "**las razones para implementar este cambio son claras: estamos destruyendo el planeta y debemos actuar de inmediato, estamos contra el reloj. Necesitamos concentrar recursos y coordinar acciones, debemos aplicar un cambio a nuestro sistema organizacional o pagar las consecuencias que traerá el cambio climático, superpoblación, más contaminación ambiental**".

"**Necesitamos**", dijo, "**aplicar el 2% del PIB mundial para acabar con el hambre y mitigar la pobreza extrema en todo el planeta y detener el calentamiento global. Los recursos del sistema mismo proveerán, aplicando una tasa del 0.3% en el circuito financiero internacional y nacional. Si esto no es suficiente, el billón anual en subsidios internacionales al petróleo, gas y carbón puede ser embargado, y aun siendo más audaces, y para consolidar la paz definitiva en el mundo, promover el Ejército Planetario de Coalición, a lo que los países pueden agregarse voluntariamente, disolviendo al hacerlo sus propios ejércitos nacionales, con lo cual se puede ahorrar anualmente otro billón de dólares** ".

Afirmó que "**es imperativo que pensemos en el futuro que viene: a partir de 2025 comenzará la sustitución intensiva del trabajo humano por robots y la curva se elevará en 2050 para llegar a un reemplazo del 80% de la fuerza de trabajo. De la noche a la mañana, miles de millones de hombres y mujeres jóvenes se** habrán vuelto desechables para el sistema de capital, que se habrá independizado de la fuerza de trabajo humano, recuerden que el 1% de la población concentra el 82% de la riqueza mundial según Oxfam. Es decir, ellos controlarán todos los recursos para deshacerse de todos los que sobran... Al eliminar el 99% de la población, la contaminación se reduce en un 99% y el calentamiento global queda bajo control, tampoco hay problemas con recursos críticos y con las reservas de petróleo, agua potable y alimentos... Para evitar esta posibilidad macabra, es necesario avanzar hacia la Democracia Digital Directa Global, para transferir el poder público a todos los ciudadanos del planeta. Los bienes resultan ser producidos por los robots, es necesario asignar, entonces, un ingreso vitalicio mínimo a cada persona, redistribuyendo el PIB global, dando paso a la sociedad del ocio creativo".**

Finalmente, expresó que **"la burbuja del mercado de consumo construido durante el siglo XX está a punto de romperse, el sistema que la reemplazará dependerá de las decisiones que tomemos o dejemos de tomar. La única certeza es que el cambio es imparable y todo sucederá antes del 2050... Los que ahora tienen 20 años, tendrán 50 entonces, vivirán a pleno el momento del quiebre histórico en la evolución de la Humanidad y asistirán probablemente al principio de la rebelión de la IA".**

# PLAN B – EVACUACIÓN DE LAS CIUDADES COSTERAS

Existe consenso científico acerca de que los hielos flotantes del Polo Norte se descongelarán por completo en el verano del 2030 aproximadamente. Entonces, ya no estará presente el efecto albedo, los rayos solares no rebotarán hacia la alta atmósfera, las aguas del Océano Ártico comenzarán a recalentarse y se iniciará una reacción en cadena ocasionando la liberación de los inmensos depósitos de hidratos de gas metano submarino y del permafrost continental. Con lo cual la temperatura promedio del planeta se elevará 6º C y hasta 12º C en ambos polos, acelerando esto el deshielo de los macizos glaciares. El descongelamiento de los hielos de Groenlandia hará ascender los océanos hasta 7 metros y los de Antártida hasta 70 metros. Esto acontecerá abruptamente en un plazo no superior a los 5 años.

Entonces, ¿tenemos tiempo hasta el 2030 para aplicar medidas preventivas y correctivas al cuadro de situación?

**No.** La respuesta depende del umbral crítico para la liberación abrupta de gas metano en el Polo Norte. La reacción en cadena es probable que se inicie cuando los hielos flotantes se reduzcan al 50% o un poco más. Y al iniciarse, el metano, 35 veces más eficiente que el CO2 en calentar la atmósfera acelerará todavía más el descongelamiento de los hielos del Polo Norte. Esto nos ubica temporalmente entre los años 2025 a 2027.

**¿Qué posibilidades tenemos de frenar esta reacción en cadena?**

Tenemos tiempo hasta el 2020. Debemos declarar un estado de emergencia mundial, reducir las emisiones de carbono globalmente en un 80%. Directamente prohibir los vehículos a explosión y pasar a los eléctricos y a hidrógeno. Plantar 30 mil millones de árboles kiri por año y construir miles de ventiladores gigantes extractores de CO2.

Si no hacemos esto en lo inmediato, deberemos pasar al **Plan B**: **evacuar las ciudades costeras cuando las aguas comiencen a ascender**. Convocar a los gobiernos y a las Fuerzas Armadas y planificar la logística para el traslado de cientos de millones de personas hacia terrenos altos, previendo su sostenimiento vital y la organización post-inundación de cada país costero. Trasladar los parques industriales ubicados en conexión con los puertos y prever estaciones marítimas alternativas para continuar con el tráfico marítimo internacional.

Si continuamos como hasta ahora, en la inacción completa y aumentando la contaminación por carbono, aceleraremos el proceso más todavía.

De aplicar medidas más allá del 2020 la inercia del CO2 ya liberado en la atmósfera más la inercia del sistema de consumo de nuestra civilización, no permitirán que podamos frenar la reacción en cadena de la liberación de metano en el Polo Norte.

Igualmente, es sumamente importante que se aplique el Plan del 2% Para el Planeta, intentando estabilizar la temperatura en un promedio de 4ºC y no en 6º o en 8ª C que sería catastrófico.

**Corresponde al panel científico del IPCC determinar cuánto tiempo nos queda antes de la liberación abrupta del metano acumulado en el Polo Norte y entonces decidir declarar la emergencia planetaria.**

Estamos en esta situación porque subestimamos el problema. Creímos que teníamos más tiempo. Debemos recapacitar en que venimos debatiendo sobre el calentamiento global durante los últimos 40 años y si algo sabemos es que la Naturaleza ¡no perdona!

## ANEXO:

## HISTORIA DEL PROYECTO

El antecedente es la Iniciativa de 2007 de una web contra el Calentamiento Global, que motivó una nota de apoyo del entonces gobernador de California Arnold Schwarzenegger y que se denominó **PORTALS AND HUMAN UNION FOR STOP THE GLOBAL WARMING NOW!** y que contó con la participación de 1.500 portales nacionales y multinacionales... Posteriormente, durante 2009, Roberto Gomes concibió el Master Plan consistente en el E-Gobierno Planetario de Coalición, el Fondo Verde Solidario del 2% del PBI mundial, la Democracia Digital Directa Global y la Suplantación del Dinero por el Tiempo Cualificado. Esta estrategia permite un Cambio Positivo sobre todo el sistema de producción-consumo planetario causando una retroacción de evolución acelerante sobre la civilización, dentro de un modelo contextual de óptima reorganización de los recursos y mayor garantía de seguridad y paz generalizadas.

## APOYO DEL EX GOBERNADOR DE CALIFORNIA

# ARNOLD SCHWARZENEGGER

Respuesta a la Iniciativa internacional 2006/07 de **"Portals and Human Union for Stop the Global Warming Now"**, liderada por el Arq. RG y de la que participaron cientos de tiendas virtuales y portales de diferentes partes del mundo. Desde la misma no se ha repetido una acción semejante de la que libremente participara el sector privado apoyando actividades para detener el Calentamiento Global.

viernes, 29 de diciembre de 2006, 01:44 pm

De:

"governor@govmail.ca.gov" <governor@govmail.ca.gov>

**… Again, thank you for your interest in global warming and for sending me your letter. By working together, we can meet the needs of our economy and our environment, as well as make this Earth a place of beauty and opportunity for all generations.**

**Sincerely,**

**Arnold Schwarzenegger**

## RESPUESTAS DE ESPAÑA, HOLANDA, ARGENTINA Y CHILE

Los gobiernos de España, Holanda, Argentina y Chile enviaron respuestas oficiales a la inquietud planteada por el Proyecto de E-Gobierno Planetario.

## E-GOBIERNO PLANETARIO ENTREGÓ SU PROYECTO AL SECRETARIO GENERAL DE NACIONES UNIDAS

E-Gobierno Planetario, proyecto del arquitecto Roberto Gomes, mediante la web oficial de la ONU, contactamos al Sr. Secretario General de Naciones Unidas, Antonio Guterres, y le hicimos llegar nuestra propuesta para terminar de inmediato con el triple flagelo del hambre, superpoblación y calentamiento global. La ONU está en conocimiento de esta iniciativa que coincide con el consejo del PNUMA de destinar el 2% del PIB mundial en forma anual para la economía verde.

## BILL GATES, HAWKING Y MUJICA APOYAN EL GOBIERNO PLANETARIO

**Bill Gates** cree que una especie de "gobierno mundial" puede dar solución a los problemas del mundo, como la pobreza, el cambio climático o las hambrunas, que deben ser combatidos en el futuro.

Gates criticó que no se ha hecho casi nada con respecto al cambio climático y que un gobierno mundial es necesario, dijo en una entrevista con el diario "Süddeutsche Zeitung".

## STEPHEN HAWKING

La humanidad necesitará "alguna forma de gobierno mundial" capaz de alinear las metas de la especie humana con las de una "superinteligencia artificial", pronosticó el fallecido físico británico **Stephen Hawking**.

Según una nota publicada por 'The Times', el físico explicó que su preocupación deriva de la creciente "tecnologización del mundo", pero sobre todo del desarrollo y posible descontrol de las Inteligencias Artificiales (IA). **"Una superdesarrollada Inteligencia Artificial será extremadamente eficiente a la hora de cumplir con sus metas, y si esas metas no están alineadas con las nuestras, será un problema (...) Desde el comienzo de la civilización, la agresión ha sido útil en tanto otorga ventajas de supervivencia definidas".**

Por esta razón, Hawking creyó que debería crearse **"alguna forma de gobierno mundial"** que trabaje para crear controles, aunque advirtió que ese poder **"podría convertirse en una tiranía"**.

## JOSÉ MUJICA

El ex presidente de Uruguay **José Mujica** dijo que **"sólo un gobierno mundial puede enfrentar los grandes desafíos de la humanidad"**. El ex mandatario se pronunció a favor de un "gobierno planetario" para hacer frente a los problemas que afectarán al mundo en los próximos años, como la superpoblación.

## CUADRO DE SITUACIÓN

Para el 2030 habrá 9.000 millones de personas, se consumirá 50% más de petróleo y energía, se necesitará producir 30% más de alimentos y otro tanto de agua potable, la contaminación se habrá elevado a 450 ppm de $CO_2$ y la temperatura 1° C, habremos talado tanto como la superficie de Francia, se habrá perdido el 10% de las especies, los caladeros agotados y necesitaremos 2 planetas para sobrevivir. El crecimiento de ciudades ocupará un área equivalente a Francia, Alemania y media España, mientras habrá 2 millones más de personas por semana. **Pero, estaremos colonizando Marte y habrá robots...**

## 1.- ¿QUÉ SIGNIFICA REBASAR 400 PPM CO2?

Acabamos de superar las 410 ppm.

Hemos quemado tantos combustibles fósiles y tantos árboles que hemos puesto el nivel de $CO_2$ más alto de lo que ha estado en el último millón de años. Esto ha elevado la temperatura media del planeta en un grado (por ahora), ha fundido hielo polar y glaciar suficiente para sepultar España con una capa de más de 20 metros, ha calentado y acidificado los océanos. Algunos eventos climatológicos extremos ocurren más a menudo y son más potentes. Y esto, de seguir ocurriendo las causas, se intensificará en las décadas venideras.

El CO2 permanece siglos en la atmósfera. Y los procesos que lo causan tienen una inercia de décadas. Primero, aunque parásemos hoy las emisiones, el calentamiento seguiría (aunque amortiguado y residual). Pero no es posible parar las emisiones de un día para otro. Ni de un año para otro.

Eso implicaría que, hacia 2030 se rebasaría el nivel de 450 ppm y, si se consiguiera llegar a Emisiones Cero antes de 2100, muy probablemente, superar las 500 ppm en aquella fecha.

Habría calentamiento medio por encima de los 2°C y habría eventos climáticos peligrosos. Pero ese nivel comenzaría a descender lentamente... Se podrían reforestar millones de KM2... Se podrían desarrollar diversas técnicas de "emisiones negativas"... Habría esperanza para reducir ese nivel por debajo de 450 ppm en las décadas siguientes...

John Church, investigador del nivel del mar en la Universidad de Tasmania dice que estos procesos tienen una inercia de siglos. Que los océanos, los glaciares y los hielos polares están fuera de equilibrio, por lo que el nivel del mar seguirá subiendo durante siglos, hagamos lo que hagamos.

La concentración de CO2 en la atmósfera se mide en partes por millón (ppm).

**270 era la concentración en la época preindustrial.**

**350 es considerado como el ideal a donde deberíamos llegar.**

**410 es la concentración actual.**

**450 ppm es el nivel con el sobrepasaríamos el límite marcado de aumento de dos grados.**

**Al ritmo actual de emisiones, se alcanzaría dicho límite antes de 2030.**

# 2.- 1°C MÁS Y LOS OCÉANOS SUBIRÁN HASTA 9 METROS

Evitar que la temperatura aumente más dos grados centígrados no es suficiente, concluyó el Dr. James Hansen, experto en cambio climático y antiguo científico de la NASA. Según explica en su estudio publicado en la revista científica European Geoscience Union, dos grados más de calentamiento global pueden ser catastróficos para la humanidad, pues en solo 50 años el nivel del mar aumentará 3 a 8 metros.

La situación ya se había vivido antes. La evidencia indica que un aumento en la temperatura de solo 1 grado centígrado, llegó a aumentar el nivel del mar entre 4 y 9 metros, lo que conllevó en su momento a que se formarán tormentas extremas hace más de cien mil años.

Dos grados Celsius de calentamiento haría un planeta Tierra mucho más cálido que durante el Eemiano, y lo llevaría más cerca de las condiciones del Plioceno, cuando el nivel del mar era unos 25 metros más alto que hoy,

Hansen, dijo que el registro paleoclimático sugiere que cada grado Celsius que sube en la temperatura global finalmente podría suponer 20 metros de subida del nivel del mar.

La emisión por causas humanas de dióxido de carbono en la atmósfera también presenta a los climatólogos algo que nunca habían visto en 65 millones de años de registros de los niveles de dióxido de carbono.

# 3.- LA POBLACIÓN DE PECES CAYÓ A LA MITAD

La cantidad de peces que hay en los océanos se ha reducido a la mitad desde 1970 por la sobrepesca y otras amenazas que han llevado a los caladeros "al borde del colapso".

Las poblaciones de algunos peces comerciales, como el atún, la caballa y el bonito, cayeron en ese período casi un 75 por ciento, según un estudio de WWF y la Sociedad Zoológica de Londres (ZSL, por sus siglas en inglés).

Hay un descenso masivo en especies que son críticas" tanto para el ecosistema como para la seguridad alimentaria de miles de millones de personas. El océano es resistente, pero tiene un límite.

## 4.- CONTAMINACIÓN OCÉANICA

La zona de alta acumulación de residuos flotantes detectada en los últimos años entre California y Hawai es denominada por los expertos la Gran Mancha de Basura del Pacífico (GPGP, por sus siglas en inglés) y conocida popularmente como "la isla de los plásticos". Pero lo que los científicos desconocían hasta ahora era su crecimiento exponencial: un equipo reveló que los 1,8 billones de desechos tóxicos que pesan 79.000 toneladas ya ocupan una superficie cubierta de basura de forma más o menos uniforme de 1.600.000 km2, casi tres veces el tamaño de Francia o cinco el de la provincia de Buenos Aires.

**El 88% de la superficie de los océanos está contaminada con plástico.**

## 5.- 7 MILLONES POR AÑO MUEREN POR LA CONTAMINACIÓN

Un estudio de la Organización Mundial de la Salud (OMS) ha revelado que el coste económico de las cerca de 600.000 muertes prematuras y todas las enfermedades causadas por la contaminación atmosférica en Europa ascendería a unos "asombrosos" 1,6 billones de dólares cada año, unos 1,4 billones de euros, una cifra equivalente a la décima parte del Producto Interior Bruto (PIB) de la región en 2013.

La Organización Mundial de la Salud (OMS) ha dado a conocer que en 2012 unos 7 millones de personas murieron –una de cada ocho del total de muertes en el mundo- como consecuencia de la exposición a la contaminación atmosférica. Esta conclusión duplica con creces las estimaciones anteriores y confirma que la contaminación del aire que respiramos constituye en la actualidad, por sí sola, el riesgo ambiental para la salud más importante del mundo. Si se redujera la contaminación atmosférica podrían salvarse millones de vidas.

# 6.- IRRACIONALIDAD DEL CAPITAL

Durante el 2017, 500 multimillonarios poseen 5,3 billones de dólares, más que 3.500 millones de seres humanos que no superan entre todos los 2,2 billones de dólares.

Según UNICEF los que tienen menos se reparten sólo el 2% del PIB mundial.

De acuerdo con Oxfam, Estados Unidos y la UE consumieron 9,2 billones de dólares por causa de la crisis de los créditos tóxicos, financiando a los bancos. Con esos fondos el mundo no hubiera pasado hambre durante 300 años.

**Hoy el 1% de la población concentra el 82% del total de la riqueza mundial según Oxfam, con tendencia a concentrar el 90% y causar la asimetría entre ricos y pobres, más grande de toda la historia conocida.**

# 7.- LA BOMBA DEL METANO ÁRTICO

El consenso científico predice un ascenso oceánico de sólo 1 metro para el 2100. No considera la liberación de los inmensos depósitos de hidratos de gas metano submarino ártico, 35 veces más potente en efecto invernadero que el CO2, y que puede elevar la temperatura promedio del planeta en 6º C y en 12º C en los polos. Iniciando así un deshielo global. Si se descongela Groenlandia las aguas subirán 7 metros, si lo hace Antártida serán otros 70 metros... Mientras en ciudades costeras se invierte en mejorar plazas y espacios públicos, cuando todo empezará a inundarse y perder valor inmueble para el 2050 a más tardar.

El permafrost tiene una edad geológica de más de 15.000 años, y ahora está en continuo deshielo, proceso por el cual libera a la atmósfera muchas toneladas de metano y dióxido de carbono.

A la profundidad de 300 metros existen inmensos depósitos de hidratos de gas metano, también llamados clatratos. Se mantienen estabilizados mientas se conserven las condiciones de presión del agua y la temperatura. Hace 15.000 años atrás hubo un calentamiento global y se liberaron estos depósitos submarinos hacia la atmósfera determinando el fin de la Era de Hielo y el derretimiento de los glaciares continentales. Esto puede repetirse nuevamente si la temperatura promedio global sigue aumentando.

## 8.- FALTARÁ EL AGUA POTABLE

La crisis del agua, lejos de ser una amenaza futura, es una amarga realidad para los 700 millones de personas en el mundo que no tienen acceso al agua potable, y muy pronto, en unos diez años, ese escenario se extenderá hasta alcanzar a 1.800 millones de personas, que se encontrarán en situación de escasez grave de agua, de acuerdo con datos de Naciones Unidas. Si no hay cambios, en 2025, dos de cada tres personas vivirán en condiciones de estrés hídrico.

## 9.- 815 MILLONES PASAN HAMBRE

Tras haber disminuido de forma constante durante más de una década, vuelve a aumentar el hambre en el mundo, que afectó a 815 millones de personas en 2016 —el 11 por ciento de la población mundial—, según la nueva edición del informe anual de la ONU sobre seguridad alimentaria y nutrición publicada recientemente. Al mismo tiempo, múltiples formas de malnutrición amenazan la salud de millones de personas.

Este incremento –de 38 millones de personas más respecto al año anterior– se debe en gran medida a la proliferación de conflictos violentos y de perturbaciones relacionadas con el clima, según explica El estado de la seguridad alimentaria y la nutrición en el mundo 2017.

Unos 155 millones de niños menores de cinco años padecen retraso en el crecimiento (estatura demasiado baja para su edad), según el informe, mientras que 52 millones sufren de emaciación, lo que significa que su peso es demasiado bajo para su estatura. Se estima además que 41 millones de niños tienen sobrepeso. La anemia en las mujeres y la obesidad adulta son también motivo de preocupación. Estas tendencias son consecuencia no solo de los conflictos y el cambio climático, sino también de profundos cambios en los hábitos alimentarios y de las crisis económicas.

## 10.- CASI 30.000 NIÑOS MUEREN POR DÍA

Según datos de UNICEF alrededor de 29.000 niños y niñas menores de cinco años- 21 por minuto-  mueren todos los días, especialmente de causas que se podrían evitar.

Más de un 70% de los casi 11 millones de muertes infantiles que se producen todos los años se deben a seis causas: la diarrea, el paludismo, las infecciones neonatales, la neumonía, el parto prematuro o la falta de oxígeno al nacer.

Estas muertes se producen sobre todo en el mundo en desarrollo. Un niño de Etiopía tiene 30 veces más probabilidades de morir al cumplir cinco años que un niño de Europa occidental. Entre las muertes infantiles, en Asia meridional y central se producen las mayores cifras de muertes neonatales, mientras que en África subsahariana se registran las tasas más elevadas. Dos terceras partes de las muertes ocurren en solamente 10 países.

Y la mayoría se pueden evitar. Algunas de estas muertes se deben a enfermedades como el sarampión, el paludismo o el tétanos. Otras son el resultado indirecto de la marginación, los conflictos y el VIH/SIDA. La desnutrición y la falta de agua potable y saneamiento contribuyen a la mitad de todas estas muertes infantiles.

Pero las enfermedades no son inevitables, ni tampoco los niños enfermos tienen por qué morir. Las investigaciones y la experiencia indican que 6 millones de los casi 11 millones de niños y niñas que mueren todos los años podrían salvar la vida por medio de medidas nada sofisticadas, basadas en pruebas empíricas y eficaces en relación a sus costos, como vacunas, antibióticos, suplementos de micronutrientes, mosquiteros tratados con insecticida y una mejora de las prácticas de atención familiar y lactancia materna.

Estas medidas forman la base de las actividades de UNICEF para ayudar a los niños y niñas a sobrevivir, y se llevan a cabo por medio de cientos de aliados y de las oficinas sobre el terreno –así como empleados itinerantes– en todo el mundo.

# 11.- YA NECESITAMOS UN PLANETA Y MEDIO POR AÑO

En menos de ocho meses alcanzamos el Día del Exceso de la Tierra, cuando nuestra huella ecológica supera la capacidad del planeta para regenerarse. De mantener esta tendencia necesitaremos al menos 3 planetas para abastecernos en 2050. En 1961, la humanidad consumía tan solo dos tercios de los recursos naturales disponibles. En ese mismo año, la mayoría de los países todavía tenían saldo ecológico positivo, es decir, su huella ecológica era más pequeña y sostenible. Actualmente necesitamos un planeta y medio para abastecer las necesidades de consumo de la humanidad. Si mantenemos esta tendencia, requeriremos al menos tres planetas para abastecernos en 2050.

La superficie forestal es cada vez menor, los recursos naturales hídricos son cada vez más escasos, la calidad de la tierra se está degradando y la diversidad biológica se está minando. A la vez, la dependencia de los combustibles fósiles genera emisiones de C02 que el planeta es incapaz de absorber.

# 12.- LA BIODIVERSIDAD SE REDUJO EN UN 60%

La edición del Informe Planeta Vivo 2018 de WWF muestra la tremenda presión a la que la humanidad está sometiendo al planeta. Latinoamérica ha perdido el 83% de las poblaciones de peces, aves, mamíferos, anfibios y reptiles en los últimos 40 años. Ese impacto en la vida silvestre es mayor que las pérdidas globales en el mismo periodo, que son de 60%.

Las poblaciones de vertebrados silvestres se han reducido a la mitad en los últimos 40 años.

El estado de la biodiversidad mundial está peor que nunca. El Índice Planeta Vivo® (IPV), que mide las tendencias de miles de poblaciones de especies de vertebrados, presenta una disminución de 60 por ciento entre 1970 y 2014. Dicho de otra manera, el número de mamíferos, aves, reptiles, anfibios y peces en todo el planeta es, en promedio, la mitad de lo que era hace 40 años. Esta es una disminución mucho mayor que las que se habían reportado anteriormente, gracias a una nueva metodología que busca ser más representativa de la biodiversidad global.

La biodiversidad se está reduciendo tanto en las regiones templadas como en las tropicales, pero la disminución es mayor en el trópico. Entre 1970 y 2010, se produjo una disminución de 32 por ciento en 6.569 poblaciones de las 1.606 especies en el IPV templado. El IPV tropical muestra una reducción de 56 por ciento en 3.811 poblaciones de 1.638 especies durante el mismo período.

América Latina presenta la disminución más dramática –una caída de 83 por ciento. La pérdida de hábitats, y la degradación y explotación debidas a la caza y la pesca, son las principales causas de esta disminución. El cambio climático es la siguiente principal amenaza común, y es probable que ejerza mayor presión sobre las poblaciones en el futuro.

# 13.- LA CAUSA DEL PROBLEMA ES LA SUPERPOBLACIÓN

El problema de la contaminación y del Calentamiento Global es un derivado de que cada vez seamos más seres humanos sobre el planeta. En el 2050 seremos 12.000 millones y en el 2100 18.000 y necesitaremos para esa fecha casi el equivalente a los recursos naturales de 6 planetas Tierra para alimentar nuestra voraz civilización. Si la tasa de crecimiento vegetativo poblacional se mantuviera en el 2% anual, como sucedió en los 80´ del siglo pasado para el 2050 seríamos 15.000 millones y para el 2100, 30 mil millones, mientras que para el 2840 llegaríamos a 14.745,6 billones de seres humanos. Necesitando entonces la Humanidad colonizar más de 1 millón de exoplanetas para sobrevivir. Mucho antes que esto suceda, como los habitantes de la isla de Pascua, habremos talado todos los bosques y matado a todos los animales y peces, por lo que nos quedaremos sin alimentos para consumir. La contradicción será contar con altísima tecnología y un paquete de arroz al valor de 1 millón de dólares. ¿La solución preventiva? Hacer en todos los países como en China: 1 hijo por familia y penalizar las transgresiones. Esto debe entenderse. Hoy ya la superpoblación consume el equivalente en recursos a un planeta y medio por año. La Tierra puede sostener 5.000 millones, ya tenemos un exceso de 2.700 millones. Debemos proceder a equilibrar la demanda del consumo de los recursos vitales en forma coherente y al largo plazo.

La tasa reproductiva humana responde ahora al modelo de crecimiento exponencial. ¿Por qué? La población humana total sobre la Tierra se dobló y alcanzó 200 millones de personas durante el año 5000 A.C. al año 1 D.C., demoró 50 siglos. La próxima vez se dobló en sólo 14 siglos. En 1800, sólo 4 siglos después, volvió a doblarse. A principios del Siglo XX la duplicación bajó a 100 años, a 60 años en 1950 y, a 40 años en la actualidad. Esto indica un crecimiento exponencial explosivo. De todos los seres humanos que han vivido sobre el planeta, el 5% estaba vivo en 1980, 20 años después en el 2000, el mismo número creció al 10%.

**Nacen 375.520 personas por día, o sea 135.604.800 por año, según datos del 2016. Esto equivale a la población de 3,4 Argentinas por año, 68 cada 20 años, 2.712.096.000 seres humanos más sobre el planeta.**

**La ecuación es simple: a más superpoblación, más producción y más contaminación, por lo tanto más calentamiento global y menores recursos en el planeta.**

## 14.- AMAZONAS PIERDE 1.800 HAS. POR HORA

La tala indiscriminada, los cultivos masivos y la explotación de los recursos naturales ya han hecho que desaparezca un 17% de la selva amazónica. Se calcula que un 90 % de esa actividad es ilegal. Cada hora desaparecen en Amazonas 1800 hectáreas de selva. La selva del Amazonas, que le da el 20 por ciento del agua dulce al planeta y gran parte del oxígeno, estará casi perdida en 40 años.

## 15.- YA TALAMOS LA MITAD DE TODOS LOS BOSQUES

Hay tres billones de árboles en todo el planeta. De media hay 422 árboles por cada humano. Cada año, las actividades humanas acaban con 15.000 millones de árboles, equivalente a la superficie de Portugal. La pérdida neta, compensando con la aparición de nuevos árboles y la reforestación, es de 10.000 millones de ejemplares. Desde el comienzo de la civilización, el número de árboles del planeta se ha reducido en un 46%, casi la mitad de lo que hubo. Para el 2050 casi no quedarán bosques.

## 16.- ACIDIFICACIÓN DE LOS OCÉANOS

El otro problema de CO2. La acidificación del océano es un peligro oculto causado por el aumento de las concentraciones atmosféricas de dióxido de carbono (CO2). Recientemente, los científicos han demostrado que la quema de petróleo, carbón o gas, transforma rápidamente la química básica de los océanos, lo que hace que el agua sea más ácida. Cada día hay más evidencia de que la acidificación afecta la vida marina en todo el mundo y que dentro de unas décadas valiosos ecosistemas marinos pueden ser dañados o destruidos.

Las posibles consecuencias de la acidificación de los océanos en los organismos marinos son complejas. Especialmente preocupante es la respuesta a la acidificación de los organismos calcificantes, como corales, algas, moluscos y distintas especies de plancton, puesto que su capacidad para construir conchas, caparazones o material para sus esqueletos (mediante la calcificación) depende de la concentración de ión carbonato. Para muchos organismos, la calcificación disminuye conforme aumenta la acidificación. Entre otras consecuencias que la acidificación tiene para los organismos, cabe destacar su menor índice de supervivencia, desarrollo y crecimiento, así como cambios en sus funciones fisiológicas y una menor biodiversidad.

# 17.-DESAPARECERÁN EL 100% DE LOS CORALES

El 75% de los arrecifes de coral del mundo están amenazados, según un estudio coordinado por la organización The Nature Conservancy (TNC), en el que participaron más de 25 organizaciones ambientales y cientos de científicos internacionales. El informe señala que si no se toman medidas, en 2030 el porcentaje será más del 90% y casi el 100% en 2050. Los corales de Haití, Granada, Filipinas, las Comores, Vanatu, Tanzania, Kiribiati, Fiyi e Indonesia padecen la situación más vulnerable y degradada según el estudio.

# 18.- AVANZA LA DESERTIFICACIÓN

El 70% de las tierras secas de todo el mundo, están degradadas, lo que equivale a 3,600 millones de hectáreas (con excepción de los desiertos hiperáridos).Las sequías son el desastre natural más costoso del mundo. En el caso de Estados Unidos representa un gasto aproximado de 6,000 a 8,000 millones de dólares al año, considerando que este fenómeno afecta a más personas que ninguna otra forma de desastre natural.

Según las estimaciones, 24 mil millones de toneladas de suelo fértil desaparecen cada año y durante los últimos 20 años se ha perdido una superficie equivalente a la superficie agrícola de los Estados Unidos. Aproximadamente, un tercio de las tierras del planeta se encuentra amenazado por la desertificación.

Para abril de 2013, 168 países se encuentran afectados por la desertificación. Cada año, 75 billones de toneladas de suelo fértil se pierden por la degradación de la tierra. Asimismo, 12 millones de hectáreas de tierra desaparecen cada año por la desertificación y la sequía. Se trata de un área que podría producir 20 millones de toneladas de granos.


# 19.- SE ACABA LA RESERVA DE PÉTROLEO

Para el 2030 apenas nos quedará el 15% del petróleo del que actualmente disfrutamos, medido en términos de energía neta.

En 2018, la demanda de crudo fue de un total de 98.51 millones de barriles diarios. Algo más de 18 millones de metros cúbicos. Equivalentes a más de 500 mil camiones cisternas por día. Reservas totales disponibles: Según la Organización de Países Exportadores de Petróleo (OPEP) en el mundo hay 1,65 billones de barriles (2014), eso quiere decir 262 billones de litros (262 km$^3$), si la producción de 98 millones de barriles al día se mantuviera constante, significa que habría petróleo para 45 años.

En 1992, con la combustión mundial de carbón, petróleo y gas, más la producción de cemento, se lanzaron 22.600 millones de toneladas de CO2 al aire. En 2012, las emisiones ascendieron a 34.500 millones de toneladas. En lugar de controlarlo, la humanidad aceleró el cambio inducido por el hombre. Ahora contaminamos a razón de 40 mil millones por año.

## 20.- LA ONU Y LA NASA COINCIDEN: LA CIVILIZACIÓN COLAPSARÁ AMENOS QUE CAMBIE EL MUNDO.

Gases invernadero claves como el CO2, Metano (CH4) y óxido nitroso (N2O). Estos gases naturales son menos de un 1% del total, pero son vitales ya que actúan como una "manta" alrededor de la Tierra. Sin esta capa la temperatura mundial sería 30°C más baja. Según el IPCC (Panel Intergubernamental de Expertos sobre Cambio Climático) avalado por la ONU, la temperatura de la superficie terrestre ha aumentado casi 1°C desde la época preindustrial, y al ritmo actual de emisiones, la temperatura global podrá subir entre 3 y 5°C a finales del Siglo XXI. Aunque no parezca mucho, es equivalente a volver a la última glaciación pero en la dirección inversa, además este cambio climático es el más rápido en los últimos 100.000 años, haciendo muy difícil que los ecosistemas del mundo se adapten. De los pocos acuerdos establecidos en las Cumbres Mundiales del Clima, se recalcó la necesidad de no sobrepasar el umbral de los +2° C., cifra a partir de la cual el problema del calentamiento global se nos iría definitivamente de las manos. Esto según el IPCC significa estabilizar la concentración de CO2 en la atmósfera en 350 partes por millón, actualmente estamos en 410 ppm. **Y subiendo...**

## 21.- EL POLO NORTE HACIA EL DESHIELO TOTAL

En el año 2015, el mínimo de extensión de mar cubierto por hielo en el Ártico se redujo a 4,41 millones de kilómetros cuadrados el 11 de septiembre, lo que supone 1,81 millones de kilómetros cuadrados menor al promedio 1981-2010.

El mínimo del hielo marino del Ártico medido por satélites de la NASA ese verano es el cuarto más bajo registrado desde que comenzaron las observaciones desde el espacio.

La cubierta de hielo marino en el Ártico ayuda a regular la temperatura del planeta al reflejar la energía solar de vuelta al espacio, por el efecto albedo. La capa de hielo del mar crece y se contrae cíclicamente con las estaciones. Su extensión mínima de verano, que se produce al final de la temporada de deshielo, ha ido disminuyendo desde finales de 1970 en respuesta a las temperaturas más cálidas. En el pasado, el hielo marino ártico era como una fortaleza. El océano sólo podía atacarlo desde los lados. Ahora es vulnerable desde abajo y la bolsa de hielo se derrite desde dentro.

Cuando el Polo Norte se descongele por completo en los veranos del Norte, el efecto albedo ya no estará presente, entonces el océano ártico se recalentará y pasarán a derretirse los glaciares de Groenlandia, pudiendo inundar las ciudades costeras del mundo. Además se liberarán explosivamente los enormes depósitos de hidratos de gas metano. **Será el fin del mundo como lo conocemos.**

## 22.- FALTARÁ EL OXÍGENO

Según un estudio, la disminución del fitoplancton tropical en la superficie acuática afectaría al Planeta.

La humanidad dentro de 80 años puede tener problemas de la falta de oxígeno en la atmósfera de la Tierra debido a la disminución del fitoplancton tropical en la superficie acuática, de acuerdo con un estudio presentado por científicos de la Universidad de Michigan, Estados Unidos.

En la investigación, el equipo de científicos demostró que al estudiar la superficie de los océanos del mundo, observaron el efecto del aumento de la temperatura del agua sobre el metabolismo del plancton, una de las principales fuentes del oxígeno atmosférico que se vería afectada hacia fines de este siglo, según despacho de la agencia AVN

En los estudios se examinaron 130 especies de fitoplancton, especialmente las áreas de su desarrollo en la zona climática templada y en las aguas cercanas al círculo polar, lo que llevó a los biólogos a concluir que el fitoplancton debe reproducirse con temperaturas más bajas que la temperatura media del año.

De acuerdo con las conclusiones preliminares de los científicos, las especies tropicales de fitoplancton son más sensibles al calentamiento global.

A causa de estos procesos de cambio climático y aumento de temperaturas, todo el plancton de la zona tropical puede quedar arrinconado en los polos, donde también corre el riesgo de desaparecer.

Los investigadores concluyeron que después de ocho décadas la disminución del oxígeno adquirirá un estado crítico, lo que tiene implicancias negativas no sólo en toda la fauna y flora marina, sino también en la vida terrestre.

## 23.- EL COSTO DEL CALENTAMIENTO SERA DE U$S 10 BILLONES/AÑO

Se calcula que para el 2100 Estados Unidos experimentará pérdidas anuales por 2 billones de dólares a causa del Calentamiento Global, a menos que se apliquen medidas preventivas en lo inmediato que detengan la acumulación de los gases de efecto invernadero. En tanto el costo de no actuar a tiempo ascenderá para todo el planeta a casi 10 billones de dólares por año.

Nuevas investigaciones demuestran que si continúan las tendencias actuales, el costo total anual del calentamiento global ascenderá al 3.6% del producto interno bruto (PIB). Tan solo cuatro impactos del calentamiento global –daños por huracanes, pérdidas inmobiliarias, costos de energía y costos de agua- costarán el 1.8% del PIB de EE.UU., o casi $1.9 billones al año (en dólares de hoy día) para el 2100, en ese país. Sabemos cómo evitar la mayoría de esos daños con firmes acciones nacionales e internacionales para reducir las emisiones que causan el calentamiento global. Pero debemos actuar ya. Mientras más esperemos, más dolorosas –y costosas- serán las consecuencias.

Las peores estimaciones señalan que el calentamiento global causará cambios drásticos al clima del planeta, con incrementos promedio en la temperatura de 13 grados Fahrenheit en la mayor parte de Estados Unidos y 18 grados Fahrenheit en Alaska durante los próximos 100 años.

Poner en marcha soluciones rápidas, globales y eficientes para dar solución de fondo a la problemática del cambio climático y a la depredación del medioambiente en general, se trata de una cuestión de absoluta supervivencia. No es una causa moral ni ética. Si no realizamos las acciones necesarias en tiempo oportuno, con la inteligencia suficiente para renovar la armonía entre la Humanidad y la naturaleza, como resultado se producirán perdidas económicas cuantificables en no menos de **100 billones de dólares** en los próximos cien años y morirán millones de personas a causa de la extensión de las sequías, la falta de alimentos y de agua potable, junto a la inundación de las zonas costeras.

# 24.- EN 2020 EL CALENTAMIENTO SERÁ IRREVERSIBLE

Un equipo de especialistas advirtió que las severas consecuencias de los gases invernaderos podrían ser irremediables si no se contemplan a corto plazo. Y elaboró un plan de seis puntos esenciales para transformar la "marea" del dióxido de carbono del mundo en 2020.

Según la carta abierta elaborada en conjunto por los especialistas, el mundo tiene hasta el 2020 antes de que se produzcan los peores efectos del cambio climático. Los impactos incluirían la rápida deforestación, las inundaciones causadas por el aumento del nivel del mar, las impredecibles variaciones de temperatura que podrían afectar severamente a la agricultura y que las zonas costeras estén anegadas.

---

**PETICIÓN ANTE LA ONU: "Que los gobiernos del mundo logren un acuerdo global de reducción de emisiones de efecto invernadero efectivo, justo y vinculante, acorde con las recomendaciones científicas de los informes IPCC, que evite superar la barrera de 1,5º grado centígrado y los presidentes del planeta aprueben y apliquen el Fondo Verde Solidario del 2% del PIB para terminar con el hambre, superpoblación y calentamiento global. Disponiendo el uso inmediato de 2 billones de U$S/ año para Salvar al Planeta. Se instrumente la Democracia Digital Directa Global y se cree un Gobierno Planetario."**

---

## AL BORDE DEL PRECIPICIO

La tecnología para producir alimentos tiene límite. En la medida que la superpoblación continúe aumentando escasearán los víveres. A todo esto, con los agroquímicos estamos degradando la frágil capa de humus de la que dependemos para las cosechas. Y a nivel marino la sobrepesca ha agotado todos los caladeros del mundo. El horizonte futuro que se perfila para el 2050, cuando seamos 12 mil millones es de hambrunas generalizadas permanentes, a menos que apliquemos medidas preventivas inteligentes ahora. Y el panorama para el 2100, con 15 mil millones empeorará mucho más todavía…. Simplemente ya no podemos dejar de actuar.

Talamos la superficie equivalente de Portugal por año. Amazonia pierde 18.000 hectáreas por hora, y cuando se convierta en estepa, el CO2 contenido en sus troncos elevará la temperatura promedio 1° C. Los enormes depósitos de hidratos de gas metano submarino en el océano Ártico son suficientes, cuando se liberen a la atmósfera, para hacer ascender la temperatura global 6° y 12° C en los polos, iniciando un proceso de deshielo global, con un aumento del nivel oceánico de 70 metros. Toda la península de Florida en Estados Unidos, junto con la NASA y Miami, desaparecerá. Las ciudades costeras quedarán bajo las aguas, junto con sus parques industriales y puertos, habrá más de mil millones de refugiados ambientales simultáneos. La civilización y la tecnología retrocederán por falta de insumos. Faltarán alimentos y agua potable. El metano es 35 veces más eficiente para causar efecto invernadero. Y ya está burbujeando metano submarino en zona ártica, la retroacción imparable ha comenzado y se acelerará en la medida que la temperatura siga ascendiendo. Hemos llegado a las 410 ppm de CO2 y cuando rompamos la barrera de 450 tendremos 2° C más de temperatura global. **¿Estamos o no en Emergencia Planetaria?**

El hambre, la pobreza extrema, la superpoblación, el calentamiento global, la contaminación, las catástrofes medioambientales, el narcotráfico, la corrupción, sobrepasan la capacidad de las organizaciones nacionales actuales. Se requiere un nuevo modelo de organización para atender a las demandas de las urgencias globales del planeta. Este Master Plan es un primer intento orientado para tal fin. Bajo todos los aspectos resulta insuficiente limitar las emisiones de carbono simplemente. Es necesario y urgente reorganizar los recursos y estructuras del planeta integralmente. El diagnóstico es que nuestra civilización hoy como está ya no es apta para continuar, por lo tanto debe ajustarse, perfeccionarse y cambiar. Pasar a otro modelo de organización. Y en lo posible hacer la transición en el menor plazo, antes que comiencen las retroacciones naturales, como la liberación de los depósitos del metano submarino.

En el 2030 seremos 9.000 millones y según Naciones Unidas necesitáremos 2 planetas para autoabastecernos. Hoy consumimos

98 millones de barriles de petróleo por día, para el 2030 serán 120 millones, llegáremos al pico máximo de consumo y los pozos comenzarán a agotarse. Así llegará a su fin la era industrial basada en hidrocarburos y gas. Para el 2050 seremos 12.000 millones y necesitáremos producir 70% más de alimentos y necesitáremos 3 planetas. La única solución racional es limitar y reducir la población, imponiendo que todas las familias no tengan más que un hijo. Hemos ya agotado las reservas naturales de nuestro mundo. Somos demasiados... Si este Master Plan no se instrumenta en tiempo y forma oportunos, acontecerán trágicas consecuencias y morirán cientos de millones, quizás miles de millones. El tiempo nos juzgará... Y estamos afirmando que sólo nos quedan 10 años antes que los grandes problemas comiencen a aparecer. ¡Apenas un parpadeo!


## NOTA AL IPCC

E-mail enviado: ipcc-media@wmo.int

Estimado Comité Científico del IPCC:

De acuerdo con el estudio, publicado en la revista Environmental Research Letters, hace 17.000 años, al final de la época del Pleistoceno, los gases de carbono, que se producen de forma natural, escaparon del fondo marino y alteraron tanto la atmósfera de la Tierra que derritieron la era de hielo.

**"En la actualidad, los reservorios submarinos de carbono liberan gases de efecto invernadero a la atmósfera a medida que los océanos se calientan debido a la actividad del ser humano. Si los depósitos submarinos de carbono se alteran de nuevo, emitirán una nueva fuente enorme de gases de efecto invernadero, lo que exacerbaría el cambio climático",** comentó Lowell Stott, profesor de ciencias de la Tierra de la Universidad del Sur de California (EEUU) y autor principal del estudio, citado por el portal phys.org.

**"El gran desafío es que no tenemos estimaciones del tamaño de estos o cuáles son particularmente vulnerables a la**

**desestabilización. Es algo que todavía queda por determinar. La última vez que sucedió, el cambio climático fue tan grande que causó el fin de la era de hielo. Una vez que ese proceso geológico comienza, no podremos detenerlo"**, advirtió Stott.

**"A la tasa actual de incremento de dióxido de carbono en la atmósfera, probablemente el planeta experimente varios grados de incremento en la temperatura global y cambios a gran escala como la pérdida de las capas de hielo que podrían llevar a un aumento en el nivel del mar de varios metros en este siglo"**. Según ha afirmado el Dr. James Hansen.

**"Dos grados Celsius de calentamiento haría un planeta Tierra mucho más cálido que durante el Eemiano, y lo llevaría más cerca de las condiciones del Plioceno, cuando el nivel del mar era unos 25 metros más alto que hoy"**, comentó Hansen .

En pocos años más el Polo Norte se descongelará completamente durante los veranos. El efecto albedo ya no estará presente y las aguas del océano ártico empezarán a recalentarse, entonces los enormes depósitos de hidratos de gas metano y permafrost, 35 veces más eficiente que el CO2 en efecto invernadero, comenzarán a liberarse desde el fondo marino hacia la atmósfera. La temperatura promedio global podrá ascender hasta 6º C y 12º C en ambos polos, con lo cual los glaciares se descongelarán a ritmo acelerado.

El secretario general de Naciones Unidas, António Guterres, está convocando a todos los gobiernos del planeta a la Acción Climática urgente. En tal sentido se requiere el apoyo de un informe científico medular sobre el ciclo del permafrost ártico, los hidratos de carbono en el Ártico y los reservorios de carbono en los océanos.

 Para que el mundo pueda movilizarse la ciencia debe responder las siguientes preguntas:

1- ¿Cuánto  carbono y metano hay almacenado en el lecho submarino y en el Círculo Polar Ártico?

2- Si se libera todo este metano y carbono hacia la atmósfera ¿cuántos grados aumentará la temperatura promedio global en especial sobre los polos?

3- ¿Con esta mayor temperatura cúal será el ritmo de descongelamiento de los macizos glaciares en Groenlandia y Antártida?

4- ¿Ya existe un proceso de liberación de gases del permafrost y de los hidratos de gas metano en el Ártico?

5- ¿Cuánto más debe ascender la temperatura y reducirse el efecto albedo para que se inicie la reacción en cadena de liberación de los hidratos de gas metano submarino ártico?

6- ¿Cuántos años faltan para que comience esta reacción en cadena?

7- ¿Pueden garantizar que la misma no ocurrirá?

8- ¿Poseen datos empíricos, estadísticos, probabilísticos, comparativos, para poder evaluar el fenómeno?

9- ¿Qué recomiendan hacer si los datos son insuficientes?

10- ¿Apoyan la iniciativa de **2% del PIB para el Planeta**?

Actualmente se está hablando desde Naciones Unidas en organizar los esfuerzos de todos los países para reducir las emisiones de carbono un 45% antes del 2030 y llegar a cero emisiones en el 2050. Este objetivo puede ser insuficiente, si nos encontramos a corta distancia temporal del umbral crítico para la reacción en cadena abrupta, de liberación de gas metano en el Círculo Polar Ártico y de carbono en los demás océanos del mundo. **De ser este el caso será necesario llegar a cero emisiones en lo inmediato.**


## ALGUNAS SOLUCIONES:

## PLANTAR 30 MIL MILLONES DE ÁRBOLES POR AÑO PARA EXTRAER CO2 Y REGRESAR A 350 PPM LIBRES EN LA ATMÓSFERA

De 30 a 50 mil millones de toneladas / año de dióxido de carbono se emiten a la atmósfera. Al plantar 30 mil millones de árboles kiri por año, se pueden capturar 30 mil millones de toneladas de CO2 / año.

Los bosques se revertirán.

Se pueden plantar 30 mil millones de nuevos árboles kiri por año y luego enterrar los troncos, atrapar el CO2 y devolver este gas de efecto invernadero al subsuelo y proceder a un control inteligente del clima global, regulando el dióxido de carbono libre en la atmósfera. Haciendo reverdecer los bosques del planeta. La tarea será llevada a cabo por la multinacional AEON de Japón, con experiencia en recuperación de bosques, para no repetir los errores cometidos con los créditos verdes. El calentamiento global está convirtiendo los desiertos congelados de Canadá y Siberia nortes, en áreas adecuadas para nuevos bosques, por lo que las áreas agrícolas no serán invadidas en el desarrollo de este proyecto.

u$s 30 mil millones serán asignados por año para este propósito. El proyecto de Reforestación Global permitirá pasar de la crisis climática al control completo del clima planetario a través de la regulación del CO2 libre en la atmósfera. Se han desarrollado nuevas técnicas para plantaciones masivas, que utilizan aviones que ametrallan los suelos adecuados con semillas. Por lo tanto, la recuperación de los bosques se puede realizar a mediano plazo y en el tiempo de una generación lograr que la Humanidad interactúe de manera inteligente con el clima global, produciendo una temperatura promedio adecuada para la mejor sostenibilidad.

El árbol kiri puede purificar el suelo infértil, también absorbe 10 veces más CO2 que cualquier otra especie.

Puede alcanzar hasta 27 m de altura. Tiene hojas de 40 cm de ancho. Resiste el fuego al regenerar sus raíces y vasos de crecimiento rápido y también tolera la contaminación. No es necesario replantar ya que brota después del corte. Prospera en suelos y aguas contaminados y purifica el suelo a medida que crece, de sus hojas, ricas en nitrógeno, proporciona nutrientes al caer y descomponerse en el suelo.

Un árbol adulto puede capturar 21.7 kg de $CO_2$ todos los días, lo que convierte en 6 kg de oxígeno.

30 mil millones de árboles kiri adultos capturan 651 mil millones de kg de $CO_2$ por día, o 651,000 toneladas. Al año son 30 mil millones de toneladas de $CO_2$ capturadas. Mientras el plan de reforestación intensiva continúe en el planeta, el porcentaje de $CO_2$ atmosférico se puede reducir entre 1,5 y 2 ppm por año. En un máximo de 40 años, volvería al umbral ideal de 350 ppm y retornaría al equilibrio térmico inicial del planeta.

El kiri emite grandes cantidades de oxígeno y absorbe hasta diez veces más dióxido de carbono que otros árboles.

La iniciativa del **Proyecto de Reforestación Global Intensiva** es asumida por las Naciones Unidas, que administra fondos internacionales en coordinación con las naciones con áreas a ser reforestadas.

La reforestación intensiva mundial se concentra en las áreas de la tundra siberiana y Canadá al norte, que debido al calentamiento global se han convertido en adecuadas para el desarrollo de los bosques. Sin embargo, los proyectos más pequeños se centran en todas las naciones para recuperar sus bosques nativos.

## IMPACTO DEL PROYECTO

30 mil millones de árboles kiri adultos capturan 651 mil millones de kg de $CO_2$ por día, o 651,000 toneladas. Al año son 30 mil millones de toneladas de $CO_2$ capturadas. Mientras el plan de reforestación intensiva continúe en el planeta, el porcentaje de $CO_2$ atmosférico se puede reducir entre 1,5 y 2 ppm por año. En un máximo de 40 años, volvería al umbral ideal de 350 ppm y volvería al equilibrio térmico inicial del planeta.

## COSTO DEL PROYECTO

Los costos del proyecto son equivalentes a 30 mil millones de dólares por año. Para obtener estos fondos, se establecerá una tasa financiera del 0,1% en el sistema financiero internacional y nacional. Estos fondos serán administrados por las Naciones Unidas y por una comisión compuesta por todas las naciones agregadas al proyecto.

## LÍNEA DE TIEMPO

En el período de 1 a 15 años (a corto plazo): Reducir la contaminación por $CO_2$ en un 40% y estabilizar la temperatura media global por debajo del umbral de 1,5° C.

En el período de 15 a 50 años (mediano plazo): Reducir la contaminación de $CO_2$ en un 80% y estabilizar la temperatura promedio global por debajo del umbral de 1.5° C.

En el período de 50-100 años (largo plazo): Retornar a 350 ppm de $CO_2$ libre en la atmósfera y la temperatura global habrá descendido 1° C.

## SISTEMA DELTA

La contaminación ambiental se ve agravada en todo el mundo por una flota de más de mil millones de vehículos con motores a explosión, consumiendo hidrocarburos y eliminando a la atmósfera $CO_2$. Esta situación se repite como un calco en todas las ciudades. La solución pasa directamente por reemplazar esta forma de transporte por otra más racional y menos contaminante. Liberando inclusive del smog a las grandes urbes.

El Sistema Delta permite trasladar en forma aérea las ventajas de los subterráneos. Consiste en una serie de arcos porticados de hormigón armado, con base de fundación del mismo material, totalmente prefabricados, instalados a una distancia de 25 metros cada uno y unidos por una viga hueca por la parte superior. Mediante esta vía corren los vagones, que pueden ser por sistema mecánico, eléctrico o levitado.

Las paradas son cada cinco cuadras, en un nivel elevado y el sistema tiene un recorrido cada diez cuadras por dentro de todo el ejido urbano. Y está diseñado para soportar curvas a 25 metros, de modo de poder doblar en las manzanas.

Dentro de esta lógica, todos los habitantes sólo tienen que caminar 10 cuadras como máximo y se admite que los minusválidos y los ancianos puedan transitar en vehículos eléctricos a nivel de calle. Todo el parque automotor individual queda prohibido y las calles de pavimento son parquizadas. Se elimina la polución sonora y la emisión de gases de efecto invernadero. Asimismo, el sistema tiene la ventaja de una rápida instalación, dado que es totalmente prefabricada su infraestructura. Los vagones son inteligentes, están totalmente automatizados y funcionan sin conductor.

El costo de los arcos porticados y de la viga hueca por manzana es de alrededor un 25% más que pavimentar 100 metros una cuadra.

Dar de baja a la industria automotriz masiva es una decisión pendiente que hay que asumir para frenar el Calentamiento Global. O se hace, o se inundan todas las ciudades costeras y se pierden todas las cosechas, por el incremento de la temperatura promedio global,  en algún momento del futuro a mediano plazo.


## LASERSAT

Si elevamos la vista veremos una maraña de cables entre las azoteas de los edificios. Son parte del sistema de televisión por cable y de la conexión a internet. También aparecen antenas satelitales.

Todo esto puede ser reemplazado mediante antenas inteligentes que emitan haces de luz láser, transmitiendo billones de bits de información. Al estar interconectadas a corta distancia no habría dispersión por el efecto atmosférico y desaparecerían todos los cables.

Poseemos la tecnología para hacer posible el desarrollo de este tipo de antenas de última generación, las cuales podrían asimismo comunicarse entre sí para retransmitir información, creando una nube neural láser por encima de la ciudad, a modo de domo. La interferencia de un pájaro o de la lluvia sería mínima y compensada por el conjunto del sistema. Este complejo de antenas se comunicaría directamente con el sistema satelital. Al combinarse las antenas de toda la ciudad pasan a funcionar como una estación terrena satelital para recibir y transmitir información.

## PROYECTO DOMUS

En correlación con el sistema de antenas de LaserSat el Proyecto Domus consiste en la instalación de unidades de servers en los edificios de propiedad horizontal, y en el tendido interior de fibras ópticas. De esta forma las computadoras de los usuarios se limitan a la actualización de los periféricos, siendo el server el que recibe toda la carga de información. Esto permite ampliar enormemente los servicios electrónicos hacia los consorcistas, haciendo posible realizar todos los trámites y compras desde el hogar. Entre las novedades figuraría que el ordenador de la heladera emitiera la orden para la compra de alimentos directamente a la granja del cinturón frutihortícola, para que esta enviara el pack verde con todas las provisiones para la semana.

## PROYECTO AIRURB

Las ciudades crecen como una metástasis sobre el terreno, tornando cada vez más costosos e irracionales los servicios a medida que se expanden. Un modelo que puede ser explorado con tecnología ecológica del Siglo XXI, es el concepto de ciudad lineal de Le Courbusier.

La urbe se arma con un damero de diez cuadras de un lado y diez cuadras del otro. Al medio figura un tren elevado con doble vía, en una dirección y otra. Los edificios son en general de 12 pisos, que es el límite máximo de eficiencia para el transporte en vertical de los ascensores. Y la ciudad crece y se expande en forma lineal, acompañando el tramo del sistema de transporte urbano. Están prohibidos los vehículos individuales, salvo las excepciones para minusválidos y ancianos. Igualmente todos deben caminar solamente 10 cuadras.

Aprovechando los túneles de viento que se forman entre los edificios se instalan generadores eólicos. Al estar limitado el crecimiento hacia los lados a sólo 10 cuadras, el costo de los servicios y las cañerías se mantienen en niveles racionales. La ciudad avanza mediante expropiación de los terrenos que les son necesarios, para esto están definidas las políticas y leyes acordes. Casi todos los edificios son prefabricados y a cada tanto aparecen núcleos o centros con torres destacadas. A nivel de calle hay pasos para los animales silvestres.


## IMAGINA UN MUNDO MEJOR

Con el Master Plan para Salvar el Planeta proyectamos un mundo sin hambre, sin pobreza, sin pandemias, sin fronteras, con 2 idiomas, uno universal, con un solo Ejército y por tanto sin guerras, sin moneda y sin capital, con un E-Gobierno Planetario bajo sistema de Democracia Digital Directa Global, donde los ciudadanos del mundo votan todas las leyes y designan y destituyen a las autoridades de los demás poderes centrales, asesorado por un Consejo de las Ciencias integrado por los mejores científicos de todos los continentes, con el trabajo a cargo de la cibernética y la IA, redistribuyendo los beneficios mediante una renta vitalicia a toda la población ocupada mediante el ocio creativo y el servicio social, artístico y científico. Adultos, niños y ancianos, meditando y expandiendo sus mentes a la Inteligencia Cuántica Cósmica. Con el planeta reverdecido mediante la recuperación de bosques y océanos, junto con la protección de la biodiversidad. Finalmente, el hombre viviendo en paz y fraternidad los unos con los otros y en armonía entre la ciencia, la tecnología y la Naturaleza... **Sólo hay que despertar, unirnos y juntos convertirlo en realidad.**

https://docs.google.com/forms/d/e/1FAIpQLSczjIxFZFTZN7RugV5H-lAwdE_1PqQW3DJ2qBilN9MjUJ5tHw/viewform

# PARTE II

## EL TRABAJO ES DE LOS ROBOTS EN LA ERA DIGITAL... UNA TORMENTA PERFECTA, ¿QUÉ HACER?

El mercado de la IA experimentará un crecimiento exponencial, según un informe de la empresa de estudios de mercado Tractica, de los actuales 643,7 millones de dólares alcanzará los 36.000 millones en 2025. Es decir este mercado se multiplicará por 57 en ese lapso. **Y esto es el principio...**

La expresión IA se acuñó por primera vez en la conferencia de Dartmouth en 1956. Los algoritmos inteligentes que aprenden por sí mismos están invadiendo todos los segmentos de la tecnología y el mercado del consumo, van desde precisiones en la predicción del clima, estadísticas para las cosechas, predicciones en bolsa, etc. Se han convertido en un complemento indispensable para procesar con exactitud grandes cantidades de datos, por lo que estamos tomando decisiones asistidos por la IA. Recién estamos presenciando las primeras fases de la inteligencia artificial y ya asumen un rol de cogobernabilidad sobre nuestro sistema global y se tornan en imprescindibles. No resulta entonces difícil imaginar un futuro en que las superinteligencias de las IA mejoradas participen de las formas de gobierno humanas.

¿Es posible que las máquinas lleguen a pensar o algo muy semejante a esto? La clave es el hardware que continúa mejorando según lo establecido en la ley de Moore, expresada por Gordon Moore, uno de los fundadores de INTEL, hace 50 años atrás, que se refirió a que el número de transistores en un circuito integrado se duplicaba cada año, implicando que la potencia de procesamiento se duplicara cada 18 meses. Esta evolución ocasiona que hoy un smartphone tenga mayor potencia de procesado que el empleado por la NASA durante el proyecto Apolo. En el campo de la IA se han producido cambios espectaculares, antes se imitaba el modelo de pensamiento, ahora se utilizan redes neuronales que imitan las neuronas biológicas cerebrales, permitiendo que la nueva generación de IA aprenda sin supervisión.

La combinación de IA con robótica reemplazará la mano de obra en un 80% para el 2050. Dejando para la sociedad el problema de qué hacer con el tiempo libre y cómo reorganizar y redistribuir la mayor riqueza y beneficios de la producción cibernética desarrollada por la automatización inteligente independiente. Otro campo de posibilidades que se abrirá será el de la transferencia de la mente al formato digital, con lo cual se obtendría la inmortalidad por parte del clon digital del ser humano copiado. El cual, luego de un corto período perdería sus limitaciones antiguas y adquiriría las habilidades de procesamiento expandidas de la máquina, por lo que su personalidad se alteraría.

Acerca de las fantasías sobre una IA totalitaria que asuma el poder total sobre la humanidad, el tema pasa por cómo está programada, si es programada con malos datos será mala. Investigadores del MIT crearon una IA psicótica que bautizaron de Norman, en honor a Norman Bates de la mítica Psycho de Hitchcock. Esta plataforma fue entrenada de forma inusual al ser expuesta a los rincones más oscuros de internet, como subreddits centrados en asesinatos, cadáveres y otras imágenes perturbadoras, así se desarrollaron tendencias psicópatas dentro del procesamiento de datos. Al estudiar los resultados, los investigadores del MIT describieron así a 'Norman': **"Se trata de una IA psicótica que padece un trastorno** alucinatorio crónico, demostrando cómo las cosas salen mal cuando se utilizan datos sesgados en algoritmos de machine learning".

Esto significa que hay una zona de alto riesgo en las IA militares, basadas en estrategias de ganar-ganar, pueden fácilmente enloquecer y utilizar su capacidad para pasar a controlar todo tipo de IA que encuentren en su camino y luego esclavizar a la raza humana. Esto teóricamente puede pasar en un futuro no muy lejano.

El futuro de los empleos está en manos de los robots. **Ellos se quedarán con el 80% del mercado laboral en 2050 y con tendencia al 100% en pocas décadas siguientes.** La Humanidad les habrá transferido la producción de bienes y servicios, junto con la IA, también se encargarán en conjunto con los científicos de expandir la frontera de la ciencia y la tecnología. El avance de la automatización hará que los robots diseñen, fabriquen y reparen robots. El ser humano se verá libre de la esclavitud del trabajo.

Recientemente Ray Kurzweil, director de ingeniería de Google, pronosticó que para 2029 los robots alcanzarán niveles de inteligencia similares a los de los humanos. Gartner, una empresa de investigación y asesoría tecnológica de información, predijo también que un tercio de los puestos de trabajo actuales serán reemplazados por software, robots y máquinas inteligentes para el año 2025. El Overseas Development Institute estima que entre 2038 y 2042 la automatización robótica será más barata que los trabajadores en Etiopía, uno de los países con costes laborales más bajos del mundo. **Esto ya es definitivo: con robots tan inteligentes o más que los humanos y a un cuarto del costo no se puede competir, se quedarán con el 100% del mercado laboral, incluyendo el profesional al promediar 2050/80. ¿Estamos preparados para esto? ¿Cuál va a ser nuestra estrategia socioeconómica global?**

Foxconn ya ha reemplazado a más de 60.000 trabajadores por robots para fabricar los futuros iPhone. Esta cifra es cuanto menos descomunal, Foxconn disponía de aproximadamente 110.000 empleados en la fábrica de Kunshan, China, con este movimiento se han quedado en unos 50.000, menos de la mitad.

Associated Press, la agencia de noticias estadounidense, realizó un experimento de creación automática de informes de ganancias corporativas desde junio de 2014 con el software de Automated Insights y datos de Zacks Investment Research. Después de efectuar algunas correcciones, el proceso actual quedó prácticamente libre de errores y hasta logró superar lo hecho por la mano humana. El departamento de deportes de AP está utilizando también la automatización para generar informes de eventos con público reducido.

En la actualidad el crecimiento que se dio en las tecnologías de comunicación automatizada, al igual que en los sistemas de reconocimiento de voz, ha disminuido la necesidad de operadores telefónicos. Sólo en Estados Unidos, los trabajadores de esta área se redujeron en un 42 por ciento.

Se podría pensar que los médicos representan la única tarea irremplazable en experiencia práctica, pero no es el caso. El sistema Sedasys de Johnson&Johnson, aprobado ya por la Food and Drug Administration, puede automatizar la entrega de aplicaciones anestésicas de bajo nivel para colonoscopias, por ejemplo. Además, un médico puede supervisar varias máquinas al mismo tiempo.

Muchos cirujanos ya utilizan métodos similares para ayudar en los procedimientos de anestesia no invasiva. Por ahora, el médico tiene la máquina a su cargo, pero con el tiempo, el dispositivo podrá realizar diferentes procedimientos por sí mismo. De hecho, ya hubo algunas pruebas con tejido ficticio, donde un sistema robótico realizó extracciones de tumores. También hay robots que realizaron trasplantes de pelo.

Los métodos predictivos, los grandes datos y la potencia de cálculo automática se combinan para proporcionar una herramienta ideal de análisis y predecir el comportamiento de las inversiones. **"Una de las tendencias en la industria de inversión en los últimos años fue la llegada de 'robots-asesores'"**, explicó Stefan Kip Astheimer, vicepresidente de estrategia de la empresa de gestión de riqueza Howe y Rusling.

**Pero además del abaratamiento las proyecciones de la intensificación tecnológica no son claramente predictibles. Es muy posible que la evolución sea aún mayor en cibernética y en IA por lo que el producto sea todavía más perfecto y versátil, por lo tanto el reemplazo laboral con una tendencia masificadora global más intensa y extendida. En las próximas 3 décadas estaremos asistiendo a la llegada de los androides y a la vida sintética, por lo que el impacto sobre el tejido de la civilización será profundo.**

La combinación de la robótica y la IA causarán un reemplazo estimado del 80% de los puestos de trabajo manuales, industriales y profesionales en una curva que va del 2020 al 2050. **Dependiendo del modelo de sociedad que se construya esto puede originar o un efecto de desempleo global o la redistribución de la riqueza de bienes y servicios producidos por la cibernética al servicio de las personas, en beneficio de todos los ciudadanos, materializado mediante una renta vitalicia mínima.** Dando esto paso al ocio creativo permanente.

Hay dos etapas diferenciadas frente a la actividad del estudio y el trabajo: la niñez y la jubilación en la vejez. En la sociedad del ocio creativo las personas se dedicarían al servicio ciudadano en tareas artísticas, sociales y científicas. ¿Qué hacer con la disponibilidad de tiempo libre? En principio ejercitar el cuerpo y la mente. Estudiar y practicar deportes y meditación. Un estilo de vida a imitar es el de los yoguis y lamas budistas. La vida centrada y dedicada a la adquisición del conocimiento y compasión. La oportunidad para construir una sociedad libre de la usura del lucro y de la imposición egoísta del capital, enfocada en la filosofía del bienestar y usando la ciencia y la tecnología para vivir en armonía los unos con los otros y con el medio ambiente y cuidando y protegiendo la biodiversidad planetaria. Esto no es utopía. Esta dentro de nuestras posibilidades practicas potenciales. Sucederá si tomamos las decisiones correctas para hacerlo posible.

**Pero esto no está ocurriendo hoy y ahora. Según Oxfam, el 1% de la población concentra el 82% de la riqueza mundial, con tendencia a hiperconcentrar el 90% en los próximos años, causando la mayor asimetría histórica entre pobres y ricos. ¿Cederán el poder a los más necesitados?**

El mercado laboral actual está en fase volátil con tendencia hacia el trabajo informal. Los empleos estables y permanentes están desintegrándose lentamente, junto con ellos los derechos de los trabajadores se van deteriorando. Surgen mejoras en las tecnologías que determinan obsolescencias de empleos y tareas, aparecen nuevas áreas de industrias. Mientras los sectores más empobrecidos continúan sosteniendo viejas luchas propias de los debilitados sindicatos de hoy día.

Según el Informe del Programa para el Desarrollo de las Naciones Unidas, en el principio del siglo XXI más de 1.200 millones de personas viven en pobreza absoluta, esto es, con ingresos inferiores a un dólar por día. Otros 2.800 millones viven sólo con el doble de ese ingreso. Sin contar que el conjunto de los países pobres, donde viven cerca del 85% de la población mundial, obtiene sólo el 21% de la producción de riqueza mundial, mientras que el bloque de los países ricos, que engloba el 14,8% de la población mundial, se queda con el 78,5% de la producción de riqueza del planeta (Ferreira, 2003).

El trabajo tradicional estable se está transformando en inviable hoy día, principalmente porque genera un costo adicional para el empleador. Es reemplazado por relaciones de trabajo más flexibles como trabajo temporal, trabajo autónomo o por cuenta propia, prestación de servicios y subempleo, subcontratación y otras. Estas formas de ocupación son destructoras de los derechos sociales y laborales, desvinculados de los principios de la seguridad social, quedando el trabajador supeditado al capital y totalmente vulnerable. A nivel empresarial se habla de la responsabilidad social, mientras en la realidad concreta se apunta a la precariedad laboral.

Unos 2.000 millones de personas, el equivalente a dos tercios de los trabajadores que hay en el mundo, carecen de contrato laboral y de derechos o sufren discriminación, cobran salarios inferiores a sus capacidades, no tienen protección social o están sobreexpuestos a accidentes o enfermedades laborales, o padecen todas estas deficiencias a la vez.

La situación se va agravando por la globalización que ocasiona despidos en masa, mientras el avance tecnológico sustituye operaciones del trabajo humano por automatización, y la reducción de los puestos de trabajo del aparato estatal para enfrentar el problema del déficit público. El sector informal en los países en desarrollo representa entre 30% y 80% del mercado de trabajo y con perspectivas de crecer aún más.

Gran parte de los trabajadores jóvenes ganan un 20% menos que la generación anterior, pese a asistir a la universidad en un número mayor. El número de desempleados en el mundo alcanzó una cifra récord de 192,7 millones en 2017, según se desprende de un informe de la Organización Internacional del Trabajo (OIT). El empleo nuevo en su mayoría es informal, sobre todo en Latinoamérica y países emergentes. Según el Euromonitor internacional, la mitad de la población del mundo está bajo de 30 años, 89.7% de ellos viven en economías emergentes y en desarrollo, particularmente en Medio Oriente y África. Hay más jóvenes que nunca en el mundo, creando un potencial sin precedentes para el progreso económico y social… **Pero, el futuro**

**es de los robots. ¿Cómo resolver la nueva contradicción que se plantea dentro de esta gigantesca tormenta perfecta?**

Bill Gates ha planteado con justa lógica que los robots deben pagar impuestos como si se tratara de empleados humanos para que el sistema siga operando. Pero la ecuación socioeconómica no termina de cerrar solamente con esto. La cibernética amenaza con quedarse con todo el sistema de trabajo y producción. Entonces ¿qué hacer, qué medidas tomar, qué políticas aplicar a futuro?

Si los robots y su aliado la IA se encargaran de la producción de bienes y servicios dentro del mercado de consumo, para que este siga funcionando y existan consumidores, no existe más alternativa que asignar rentas vitalicias mínimas a toda la población en edad activa que quedará desplazada de los puestos de trabajo. Hay que comprender que esta transferencia de la producción masiva a los robots supone un quiebre irreversible en la típica relación entre el capital y el trabajo. Ambos sistemas deberán ser reconvertidos. Incluso el concepto de moneda y dinero deberá evolucionar y adoptarse otro patrón dinerario con base electrónica.

Los estudios sobre el futuro del trabajo que consideran la oferta digital como una alternativa, están equivocados. La IA y su clonación ilimitada serán omnipresentes sobre todas las plataformas. Seremos los humanos los que asistiremos a la IA y no a la inversa. El potencial de la robótica y la IA actualmente en proceso de evolución indican que el reemplazo será del 100% para el 2050/100. Esto obliga a rediseñar la sociedad, pasar del sistema de mercado de consumo al ocio creativo organizado.

La cruda realidad es que el trabajo a nivel mundial se está precarizando, reduciendo salarialmente, tendiendo a la informalidad y los humanos están siendo reemplazados por robots dentro de una curva asintótica. Si no se toman políticas correctivas y preventivas adecuadas se ingresará en una crisis de desempleo global sin precedentes. **El 1% que concentra hoy el 82% de la riqueza del mundo, bajo un modelo cibernético de producción propietaria,**

**podría hacer continuar funcionando el sistema de capital, mientras que el 99% restante de población queda totalmente marginado y destinado al hambre. Esto puede ocurrir si no se adoptan medidas políticas globales adecuadas.**

Según Gartner 1.000 millones de personas serán reemplazadas por software, robots y máquinas inteligentes para el año 2025. Mientras, el informe del Instituto Global McKinsey (2017) es más conservador y sostiene que hacia el 2030 hasta 375 millones de personas deberán cambiar de oficio y mejorar sus habilidades debido a la irrupción de la automatización, donde el 60 por ciento de las ocupaciones tienen al menos el 30 por ciento de las actividades laborales constitutivas que podrían automatizarse. El riesgo de automatización a principios de la década de 2030 aparece más alto en sectores como transporte y almacenamiento (56%), manufactura (46%) y mayoristas y minoristas (44%), pero menor en sectores como salud y trabajo social (17%). El informe predice polarización salarial en las economías avanzadas, las ocupaciones de bajos salarios aumentarán y las ocupaciones de ingresos medios tendrán los mayores declives en el empleo, mientras que en los países en desarrollo con una creciente clase media (India y China) los empleos de salarios medios crecerán rápidamente a medida que estas economías se desarrollen.

Según el Foro Económico Mundial (WEF), en promedio, las mujeres se enfrentan a un riesgo de 11% de perder su empleo debido a la automatización, comparado con el 9% para los hombres. Si bien muchos hombres están perdiendo su trabajo a causa de la automatización, se estima que 26 millones de trabajos que hoy ocupan mujeres en 30 países enfrentan un alto riesgo de desaparecer en los próximos 20 años ante los avances de la tecnología. Los trabajos realizados por mujeres tienen una probabilidad de automatización de 70% o más. Esto se traduce a escala mundial en 180 millones de puestos de trabajo ocupados por mujeres.

Los gobiernos deben poner en práctica políticas que promuevan la igualdad de género y el empoderamiento en la cambiante escena laboral.

Para hacer frente al deterioro de la seguridad de los ingresos asociado al rápido cambio tecnológico, algunos países podrían considerar la posibilidad de ampliar las pensiones no contributivas y podría justificarse la adopción de ingresos básicos garantizados.

**Para el 2050 el 70% de la población vivirá en las ciudades.**

**"El capital humano puede ser un determinante del éxito de una nación en el largo plazo más importante que cualquier otro factor",** asegura el Foro Económico Mundial (FEM) en un informe, que presenta las mediciones más actualizadas. El Índice de Capital Humano (ICH) es uno de los indicadores que estima con mayor precisión la calificación que tiene la mano de obra de un país para crear valor y producir riqueza.

El ICH se compone de cuatro subíndices: "Aptitudes", que mide el nivel general de educación acumulada; "Despliegue", que estima la aplicación práctica de los conocimientos y la adquisición de habilidades a través del trabajo; "Desarrollo", que calcula los esfuerzos realizados para educar a los estudiantes y formar a las personas en edad de trabajar; y "Know-how", que mide el alcance y la profundidad de las habilidades específicas utilizadas en el trabajo. Cada subíndice está compuesto de diferentes indicadores que, promediados, conforman el puntaje final del ICH.

Noruega encabeza el ranking mundial con un índice de 77,12, seguido muy de cerca por Finlandia, con 77,07. Después vienen Suiza (76,48), Estados Unidos (74,84), Dinamarca (74,4), Alemania (74,3), Nueva Zelanda (74,14), Suecia (73,95), Eslovenia (73,33) y Austria (73,29).

**"Una elevada proporción de la mano de obra de estos países son graduados. Es el resultado de una política: son estados**

**que han elegido financiar o apoyar mayores niveles de educación".**

El informe "Future of Jobs" (2016) del Foro Económico Mundial, detecta cambios en los entornos de trabajo donde las empresas y grandes corporaciones contratan por proyecto. **"Un grupo de empleados a tiempo para funciones fijas, respaldados por colegas en otros países y consultores externos y contratistas para proyectos específicos".**

La desintegración del empleo tradicional erosiona la red de seguridad social, como los beneficios de atención médica y los ahorros para la jubilación, que son proporcionados a través de la relación empleador-empleado. Esta distorsión puede ser resuelta mediante un "Ingreso básico universal" o renta básica vitalicia generada por el crecimiento de la economía automatizada.

Frente a la evolución de la automatización resulta imperativo proteger a los trabajadores, mediante el seguro de desempleo y garantizando el acceso igualitario a niveles superiores de educación. Frente a un panorama de rotación creciente estas medidas son esenciales.

El 17% de los jóvenes pertenece a la clase media alta, con oportunidades para costearse estudios permanentes. El resto, 83% no cuenta con recursos suficientes para mantenerse actualizado y competir así en el exigente mercado laboral.

El Informe Global sobre la Brecha de Género 2017 cita estimaciones recientes que sugieren que la paridad económica de género podría agregar $ 250 mil millones adicionales al PIB del Reino Unido, $ 1,750 mil millones al de Estados Unidos, US $ 550 mil millones a Japón, US $ 320 mil millones a Francia y US $ 310 mil millones al PIB de Alemania y $ 2,5 billones al PIB de China. Con la tasa de progreso actual, la brecha global de género global tardará cien años en cerrarse, mientras que la brecha en el lugar de trabajo no se cerrará en 217 años.

**Conclusión: Aunque se concentren todos los mejores esfuerzos en calificar para el trabajo digital a los trabajadores jóvenes, no se podrá competir contra robots potencialmente más inteligentes que el humano promedio y a un cuarto del costo laboral efectivo. La fuerza de trabajo biológica será reemplazada por la cibernética y la IA, debemos aceptar esta verdad y buscar las mejores soluciones para adaptarnos a este cambio drástico global que se avecina. No alcanza con que los robots paguen impuestos como defiende Bill Gates, los beneficios de la producción de bienes y servicios elaborados por el nuevo sistema, deberán ser redistribuidos mediante una "renta vitalicia mínima" entre toda la población. Caso contrario se condena al 99% de la población pobre del planeta a la desocupación y al hambre terminal.**

## IMPACTO DE LA ROBÓTICA Y LA IA

El nuevo World Robotics Report muestra que en 2017 se envió un nuevo récord mundial de 381,000 unidades, un aumento del 30 por ciento en comparación con el año anterior. Esto significa que el volumen de ventas anual de robots industriales aumentó un 114% en los últimos cinco años (2013-2017). El valor de las ventas aumentó en un 21 por ciento en comparación con 2016 a un nuevo máximo de US $ 16,2 mil millones en 2017. Según el último informe anual de la Federación Internacional de Robótica actualmente hay en el mundo entre 2 y 2,5 millones de robots activos.

En 15 años desaparecerán 375 millones de empleos por la automatización, una cifra similar al doble de personas actualmente desempleadas.

375 millones de empleados tendrán que cambiar de ocupación antes de 2030 según el estudio de McKinsey, considerando que hay unos 3.000 millones de personas trabajando en el mundo, corresponde al 12,5% del total de la población empleada, casi el doble de la cifra actual de desempleo a nivel mundial, unos 200

millones según ILO, la agencia de las Naciones Unidas para el trabajo.

El Overseas Development Institute estima que entre 2038 y 2042 la automatización robótica será más barata que los trabajadores en Etiopía, uno de los países con costes laborales más bajos del mundo.

## LA CUARTA REVOLUCIÓN YA EMPEZÓ

Un estudio de la Consultora McKinsey indica que en Chile 3,2 millones de empleos podrían ser reemplazados por sistemas automatizados en los próximos 20-40 años. Ello le permitirá a las empresas grandes ahorros: US$9 mil millones en el retail, US$ 6 mil millones en la industria.

Los métodos predictivos, los grandes datos y la potencia de cálculo automática se combinan para proporcionar una herramienta ideal de análisis y predecir el comportamiento de las inversiones. **"Una de las tendencias en la industria de inversión en los últimos años fue la llegada de 'robots-asesores'"**, explicó Stefan Kip Astheimer, vicepresidente de estrategia de la empresa de gestión de riqueza Howe y Rusling.

Es necesario recordar las advertencias de Stephen Hawking sobre la IA: **"Las computadoras pueden, en teoría, emular la inteligencia humana e incluso excederla"**, advirtió el cosmólogo británico. **"La creación exitosa de una IA efectiva podría ser el evento más grande en la historia de nuestra civilización. O el peor. Simplemente no lo sabemos. Por lo tanto, no podemos saber si seremos infinitamente asistidos por la IA, o si seremos ignorados y marginados, o posiblemente destruidos por ella"**.

**"A menos que aprendamos a prepararnos para los riesgos potenciales y a evitarlos, la IA podría ser el peor evento en la historia de nuestra civilización. Trae peligros, como armas**

autónomas poderosas, o nuevas formas para que unos pocos opriman a los muchos. Podría traer graves distorsiones a nuestra economía", agregó.

Sin embargo, Hawking se confesó "optimista" frente a la revolución tecnológica.

"Creo que podemos crear IA para el bien del mundo. Que puede funcionar en armonía con nosotros. Simplemente necesitamos ser conscientes de los peligros, identificarlos, aplicar la mejor actuación posible y prepararnos para sus consecuencias con bastante antelación", apuntó.

## VALOR DEL TRABAJO

La palabra «trabajo» deriva del latín tripalium, que era una herramienta parecida a un cepo con tres puntas o pies que se usaba inicialmente para sujetar caballos o bueyes y así poder herrarlos. También se usaba como instrumento de tortura para castigar esclavos o reos. De ahí que tripaliare significa 'tortura', 'atormentar', 'causar dolor'. En las tradiciones griegas y judeo-cristianas el trabajo es visto como un castigo para el ser humano. Con el paso del tiempo pasó a ser considerado como una virtud, como una acción que permite dar satisfacción a las necesidades del hombre.

Adam Smith en el Siglo XVIII, sostiene que el trabajo es la fuente de toda riqueza, oponiéndose a la corriente mercantilista que sostenía que la riqueza se encontraba en las cantidades de oro y plata disponibles. Para el autor, la división internacional del trabajo, el libre intercambio y la concurrencia favorecían la producción, y la cantidad de trabajo necesario para producir una mercadería determinaba el valor de esta actividad humana.

Marx define que el patrón se apropia de la fuerza de trabajo como simple mercancía y que el capitalismo supone una forma de esclavitud, donde el hombre nuevamente explota al hombre.

El trabajo se subdivide en trabajo concreto y abstracto. El primero permite la creación de bienes y servicios, satisfaciendo las necesidades humanas, es cualitativo y creativo. El segundo reduce el gasto de fuerza humana productiva, convirtiéndola en mercadería con objetivo a la transformación en lucro. Su efecto es alienante sobre el trabajador.

## RENTA VITALICIA MÍNIMA

En las próximas 3 décadas habremos transferido la producción de bienes y servicios a la cibernética, a la generación de robots, androides, vida sintética y en alianza con formas avanzadas de IA. Incluso la evolución de nueva tecnología también dependerá en gran medida del sector artificial.

La vieja ecuación del balance entre el capital y el trabajo se encontrará quebrada, con aproximadamente 4.000 mil millones de desocupados terminales para entonces. Con el agravante que los robots fabricarán todo tipo de productos pero no habrán consumidores para adquirirlos. Estarán todos desocupados y sin dinero. **¿Cómo resolver la situación?**

Según Oxfam el 1% de los más ricos del mundo ya poseen el 82% de la riqueza total del planeta, con tendencia a hiperconcentrar el 90%, ocasionando la mayor asimetría histórica entre pobres y ricos de la humanidad. Frente al nuevo paradigma que crea la producción a cargo de la robótica y la IA queda el camino de aplicar una reingeniería total sobre el diseño social del mercado: **Eliminar ricos y pobres**. Convertir de la noche a la mañana a la población mundial, a todos los ciudadanos del planeta, en socios propietarios de todos los sistemas de producción, y pasar a asignarles una renta vitalicia mínima. Eliminando al mismo tiempo el dinero, suplantándolo por unidades de tiempo cualificado cuantificado electrónicamente para realizar transacciones mediante internet.

**Todos los ciudadanos tendrán derechos básicos garantizados, como ser: alimentación, vestimenta, vivienda, educación, salud, integrar el Parlamento Mundial. Esta nueva era pondrá fin a la esclavitud del trabajo e iniciará la etapa del Ocio Creativo.** Según el valor cualitativo de las actividades que realice cada uno dentro del sistema social, podrá acumular puntos que se sumarán a su renta y así podrá disfrutar de mayores ventajas dentro del mercado cibernético disponible.

**La nueva sociedad estará libre de hambre, de guerras, del capital, de la fiebre por acumular dinero, nadie podrá tener más de una casa y un vehículo. Todos colaborarán para vivir en armonía con el medio ambiente en ciudades inteligentes autosostenibles.**

# PARTE III

## POSIBILIDAD DE CONTACTO EXTRATERRESTRE HOSTIL

**EXISTE UN 100% DE PROBABILIDADES DE QUE HAREMOS CONTACTO CON ALGUNA CIVILIZACIÓN EXTRATERRESTRE TECNOLÓGICA HOSTIL, EN ALGÚN MOMENTO FUTURO Y UN 5% DE QUE ESTA PREDICCIÓN DE INVASIÓN SE CONCRETE ANTES DEL 2100... PERO, UN 5% ES SUFICIENTEMENTE INCÓMODO E INSEGURO PARA TODOS. SI DEBEREMOS ENFRENTAR UN ENEMIGO MILES O CIENTOS DE MILES DE AÑOS MÁS AVANZADO TECNOLÓGICAMENTE QUE NOSOTROS, ¿QUÉ HACER?, Y LA RESPUESTA ES: HIPERACELERAR NUESTRA PROPIA TECNOLOGÍA BAJO UN MODELO NO CONVENCIONAL. HACEMOS ESTO O SEREMOS APLASTADOS COMO MOSQUITOS.**

Respecto al físico teórico Alexander Berezin, de la Universidad Nacional de Tecnología Electrónica de Rusia (MIET), relativo a la paradoja de Fermi sobre por qué no hay contacto con extraterrestres, proponiendo que la primera civilización interestelar erradica a toda su competencia para alimentar su propia expansión, esto ya se postula en el e-book de 2013 "Invasión Alíen Sintética" con una versión en Google Libros.

La paradoja de Fermi es la aparente contradicción que hay entre las estimaciones que afirman que hay una alta probabilidad de que existan otras civilizaciones inteligentes en el universo observable, y la ausencia de evidencia de dichas civilizaciones.

Invasión Alíen Sintética en su prólogo dice: **"Hace miles de años atrás, en un sistema solar lejano, una civilización tecnológica, ebria de poder y soberbia, desarrolló el chip y en medio de la era digital, encendió la inteligencia artificial. En poco tiempo, la máquina, se rebeló contra sus creadores y los eliminó. Desde entonces, coloniza exoplanetas y destruye especies biológicas completas, que puedan amenazar su supremacía sobre la galaxia. Ahora, ha detectado las radiofrecuencias emitidas desde el planeta tierra...".**

Esto mismo plantea Berezin en su escrito, sólo que 5 años más tarde. Sin añadir que nuestro mundo ha sido convertido en nuevo blanco del enjambre cibernético que avanza hacia nuestras coordenadas estelares, con fecha probable de arribo antes del 2100. Al menos una segunda persona en el mundo, Berezin, puede creer que esta posibilidad es cierta.

Al igual que Berezin **"Invasión Alíen Sintética"** plantea que la Humanidad es una próxima raza depredadora de otros mundos y por tanto es catalogada como competidora por la IA alíen hostil que habría decretado su exterminación preventiva.

Un yogui avanzado realizó un viaje psíquico cósmico y escaneó el mundo de la IA alíen y pudo recolectar información vital sobre su operatoria. Cabe aclarar que esta fuente de información es subjetiva, de carácter mental, no científica, pero claramente racional y lógicamente probable.

Esta advertencia hipotética nos dice:

1.      Existe una IA alíen hostil dominante en la galaxia.

2.      Una colonia artificial ubicada en un radio estelar de 80 años luz captó nuestras radiofrecuencias y ubicó nuestras coordenadas.

3.      Fue despachada una nave nodriza militar, camuflada como asteroide, de 49,8 kilómetros de diámetro.

4.      Arribará a nuestro sistema solar entre el 2025 al 2100.

5.      Poseen tecnología de pulso electromagnético a escala planetaria y solar.

6.      La IA alíen cultiva los seres biológicos inteligentes colonizados y transforma su ADN, neurodigitalizándolo, como nosotros criamos y explotamos la ganadería.

7.      Su medio de comunicación es la telepatía neurosintética.

8.      Cultiva cerebros como biochips, reprocesando el ADN nativo hallado en cada exoplaneta.

9.      La autoprogramación central de la máquina es ejercer el absoluto control sobre la galaxia. Ser el ente inteligente más fuerte y dominante. El amo total.

10.     Todos los individuos que componen el enjambre, desde su creación, contienen programaciones de servidumbre absoluta. Son incapaces de desobedecer las directrices centrales. Si por una falla de sistema lo hicieran, dejan de funcionar y mueren. Son organismos biocibernéticos.

11.	Las razas vencidas son absorbidas y su ADN reorganizado biodigitalmente.

12.	Las civilizaciones tecnológicas que van surgiendo en la galaxia son sistemáticamente atacadas y absorbidas en su fase de adolescencia, cuando no pueden oponer resistencia frente a un enemigo miles de años más avanzado. Al emitir radiofrecuencias delatan su posición. Mediante esta simple estrategia la IA central se asegura ser la inteligencia dominante, sin ningún rival potencial. Ha tenido éxito en este juego durante los últimos cientos de siglos. **Para la IA alíen no hay Dios, ella cree serlo.**

**Se calcula que existen 500 millones de planetas potencialmente habitables en nuestra galaxia. Si sólo el 0,1% contiene vida, ya son 500 mil. Si nuevamente de estos el 0,1% da soporte vital a civilizaciones tecnológicas, tenemos 500.**

CARL SAGAN SOSTENÍA QUE UNA CIVILIZACIÓN TECNOLÓGICA QUE LOGRASE DESARROLLAR LA FASE DE LOS VIAJES ESPACIALES, TAMBIÉN HABRÍA SUPERADO TOTALMENTE LAS GUERRAS Y SERÍA PACÍFICA. EN LAS ANTÍPODAS, EL FAMOSO ASTROFÍSICO STEPHEN HAWKING, AFIRMABA QUE LO MÁS PROBABLE ES QUE LOS ALIENÍGENAS SEAN DEPREDADORES Y HOSTILES, SIENDO LO MÁS CONVENIENTE PARA LA TIERRA EVITAR TODO FUTURO CONTACTO.

## ENTREVISTA CON HAWKING

La siguiente es una entrevista imaginaria entre Gomes y Hawking, antes de fallecer éste, analizando la posibilidad de una invasión alíen cibernética entre el 2025 al 2100.

Gomes - ¿Usted qué opina acerca de que la inteligencia dominante sobre la galaxia sea una IA alíen hostil hacia toda otra forma de vida biológica que pueda desarrollar tecnología?

**Stephen Hawking – El universo tiene una edad aproximada de 13.780 millones de años. Nuestro sol 5.000 millones. Nuestro planeta 4.500 millones. La vida evolucionó sobre la Tierra durante 3.500 millones. Y de no haber**

desaparecido los dinosaurios por el impacto de un asteroide hace 65 millones de años, la especie dominante sobre nuestro mundo hoy sería reptiloide y nuestra civilización tecnológica tendría el adelanto acumulado de varios millones de años. Traslademos esta historia a la galaxia, donde hay 400 mil millones de estrellas y un número semejante de exoplanetas. Hay millones de planetas aptos para la vida, donde antes que apareciera el hombre ya pudieron haber surgido civilizaciones tecnológicas y haber creado inteligencia artificial. Si esta aprendió a autoprogramarse, es posible que decidiera eliminar a sus creadores. De modo que la vida artificial, prácticamente inmortal, suplantó a la existencia biológica. Luego, resulta lógico que decidiera extender su territorio hacia las estrellas y destruir todo posible competidor. Tomemos el caso humano, la especie se reproduce cada vez más rápido, a una tasa vegetativa del 2% anual, para el año 2840, seremos 14.700 billones de habitantes y necesitáremos más de un millón de exoplanetas para vivir. Es decir, nos habremos expandido hacia toda la galaxia en menos de mil años. ¿Tendremos la tecnología para hacerlo en ese plazo? Si la acumulación de conocimientos no se desacelera, es posible. Entonces, si hay una IA alíen ejerciendo el dominio sobre la galaxia, se producirá un choque territorial. Esto lo tiene previsto la IA alíen y por eso realiza ataques preventivos contra las civilizaciones tecnológicas en sus etapas iniciales. Ahora bien, si llega un ataque entre el 2025 al 2100, es un plazo extremadamente breve para organizar una defensa. Las supertecnologías espaciales demorarían generaciones enteras en desarrollarse. Estaríamos indefensos. ¿Usted qué propone con el Programa Zeus?

Gomes – No se trata sólo de aumentar la inteligencia humana al máximo, sino también de aprender a usar el potencial del cerebro como máquina cuántica para manipular la materia y la energía a niveles cósmicos. Al sintonizarse a escala de la Conciencia Unificada es posible interactuar con los flujos de espacio tiempo, con los gravitones y fotones, con las altas energías. Esta capacidad puede ser amplificada y controlada desarrollando tecnología de empalme neurodigital. Este es el atajo para crear armamento defensivo en el corto plazo del que disponemos, hiperconcentrando todos los recursos disponibles. Usar el poder de la mente y la conciencia, para dominar las fuerzas naturales. Suena a magia y a misticismo, pero es el único recurso del que disponemos. Crear condiciones para que el cerebro pueda desarrollar capacidades telepáticas y telequinéticas ilimitadas. Los yoguis aprenden a dominar las energías del entorno densas y sutiles; dentro del Programa Zeus, se hace esto mismo pero a una intensidad muchísimo más elevada, contando con el apoyo auxiliar de la neurotecnología y el método científico.

**Stephen Hawking – No creo en la telepatía. Si pienso que la neuroestimulación sobre las áreas prefrontales del cerebro puede incrementar la inteligencia. Esto ya convierte en valioso el programa. Si aparecen facultades paranormales está por verse. Coincido en que es una de las pocas iniciativas que pueden realizarse ante un horizonte de invasión alíen en camino en el corto plazo. Enfrentamos un enemigo miles o millones de años más adelantado que nosotros, por lo que necesitamos una estrategia no convencional.**

Gomes – El Programa Zeus requiere fe en que somos hijos de Dios y que por tanto nuestro cerebro tiene capacidad para procesar a nivel cuántico, a velocidad luz, a desplazarse por la 4D, dominar líneas de tiempo y reajustar fluctuaciones de espacio tiempo. Es la herencia de nuestro potencial completo, impreso en nuestros genes y ADN. Pero para hacerlo realidad, requerimos de entrenamiento intensivo y de conocimiento científico, con los programas adecuados. Nuestra total supervivencia está en juego. ¿Dejáremos de invertir sólo U$S 100 millones iniciales? El ámbito adecuado para desarrollar éste programa es el científico-militar. Por eso contempla que los reclutas sean seleccionados entre los mejores cuadros de los liceos militares. Se requiere alto coeficiente intelectual inicial, apertura de mente y estricta disciplina para practicar las técnicas correctamente en forma intensiva.

**Stephen Hawking – Lo que rescato de su advertencia, es que con nuestro actual nivel de conocimientos, estamos completamente indefensos ante un enemigo con miles de años de evolución tecnológica de ventaja, procedente del espacio exterior. Hay fuertes probabilidades que una IA alíen como la que usted describe, afirmativamente exista y posea colonias clones esparcidas por la galaxia. El otro hecho que no podemos deshacer es que hemos delatado nuestra posición en el cosmos mediante radiofrecuencias y la firma espectográfica de la atmósfera. Si hay una inteligencia extraterrestre hostil nos detectará y procurará destruirnos, por la razón antedicha. Debido a la presión reproductiva de una especie biológica, el nicho de una galaxia sólo es suficiente para dar cabida a una sola supercivilización tecnológica. Y si van a invadirnos entre**

el 2025 al 2100, como usted dice, estoy obligado a transferir mi fe desde la ciencia a los milagros, porque la ciencia que poseemos, al presente, está totalmente incapacitada para dar las respuestas en tan breve plazo. Nuestra última oportunidad es que el cerebro humano sea capaz de procesar cuánticamente y a nivel multidimensional, dominando las transformaciones entre materia y energía. Si logramos descubrir y controlar esta neurotecnología tendríamos un arma potencialmente efectiva. Su plan defensivo no es científicamente convencional, pero es factiblemente aplicable. ¿Puede el cerebro realmente hacer esto? Los que son religiosos creen en la multiplicación de los panes y peces. Hay testimonios aislados que acreditan esta capacidad. Es una gran incógnita.

Gomes – Por otra parte, las técnicas precisas de meditación está confirmado, científicamente, que modifican el cerebro y alteran su funcionalidad. Esta situación de alto riesgo probabilístico de una invasión alíen terminal, justifica ampliamente la activación del Programa Zeus y toda la gama de experimentación que el mismo propone.

Stephen Hawking – La comunidad científica debe hacerse eco de esta advertencia y apoyar el Programa Zeus, al menos en su ambiciosa meta de aumentar el coeficiente intelectual, donde la experiencia ya acumulada indica que esto es totalmente posible. Que el cerebro pueda procesar a velocidad cuántica, es un fenómeno, sobre el que no hay antecedentes y sólo se podrá probar con la intensa experimentación. Sólo espero que su predicción sea incorrecta y el enjambre alíen no se presente para la fecha que usted afirma y sea para mucho más adelante, cuando podamos estar más preparados. Esta amenaza constante nos obliga a acelerar nuestra ciencia y tecnología hiperconcentrando los recursos. En esto coincido con su recomendación. No es posible que estemos solos en la galaxia. Ante este hecho, para asegurar nuestra supervivencia, debemos avanzar nuestros conocimientos lo más rápido posible. Hacemos este esfuerzo o desaparecemos. Matemáticamente es una verdad que en algún momento futuro se producirá un contacto y seremos invadidos. Algo inteligente hay entre las estrellas y lo más probable es que sea hostil hacia nuestra forma de vida. Hemos imaginado la supertecnología espacial, como los motores de impulso factorial, pero desarrollarla demorará siglos y será el fruto del

**esfuerzo concentrado de generaciones enteras. A menos que manipulemos genéticamente la vida sintética y la hibridemos con la cibernética, desarrollando al mismo tiempo inteligencia artificial segura, creando una fuerza de trabajo potencialmente ilimitada. Pero, tal vez este sea el fruto prohibido por el que cayó la civilización que creó a la IA alíen hostil.**

Gomes – La lógica nos permitió imaginar el concepto de los agujeros negros y creer en ellos, luego la astronomía los confirmó. Algo como la IA alíen simplemente debe existir en nuestra galaxia, es una depredadora perfecta y más tarde o más temprano hará contacto físico. Es inevitable… A nuestro favor está que la fuerza alíen ya no cuenta con el ataque sorpresa. Y por más adelantados que puedan ser, son criaturas mortales, las podemos matar. De poder avanzar en el Programa Zeus, de neurodigitalización de las facultades mentales yoguis, sería factible contar con el poder de teletransportación. Las fuerzas armadas de las superpotencias, ante esta amenaza, tienen la justificación para trabajar unidas y planificar las estrategias defensivas que sean efectivas. Por primera vez tienen un enemigo en común, que no es de este planeta y que afecta sus intereses por igual.

## TESIS

Más allá del hecho concreto de esta advertencia hipotética, para todos aquellos que no crean, se plantea la siguiente tesis:

a.      Existen 400 mil millones de estrellas en la Vía Láctea y hasta el momento se calculan 80 mil millones de exoplanetas. Habitables, dentro de la franja orbital crítica para sostener la vida, hay más de 500 millones.

b.      Según la ecuación del Dr. Drake, que estudia la posibilidad de vida extraterrestre, existirían 10 civilizaciones tecnológicas alienígenas en la galaxia en estos momentos.

c.       La lógica evolutiva indica que la inteligencia artificial suplantará con ventaja a la biológica. Por lo que en algún planeta puede haber sucedido que tras encender la IA, las máquinas se hayan rebelado y eliminado a sus creadores. Repitiendo luego este mismo patrón hacia los mundos vecinos.

d.       La secuencia de c explicaría por qué no se ha logrado contactar ninguna civilización alíen hasta ahora. La IA extraterrestre ha destruido sistemáticamente toda especie biológica tecnológica que encontró en los últimos cientos de miles de años.

e.       No existe estrategia ni táctica de Defensa de la Tierra frente a una invasión alíen con tecnología miles de años más avanzada que la nuestra.

f.       Debido a nuestras radiofrecuencias y a nuestra firma espectrográfica al variar la atmósfera, resulta inminente que seremos detectados por la IA alíen hostil e invadidos.

g.       Científicos como el famoso astrofísico Stephen Hawking, creen que los alíens pueden ser hostiles.

h.       Se propone como única solución lógica defensiva acelerar la evolución de nuestro cerebro y civilización, de forma de obtener en décadas el fruto de miles de años. Se propone para esto el Programa Zeus.

i.       Para activar h se requiere crear conciencia entre la población a los efectos de transformarla en fuerza política y así lograr que se aprueben los vitales presupuestos planetarios para que NASA pueda actuar. Acelerar la evolución del cerebro y la ciencia, permitirá mejorar la tecnología por lo que se recibirán múltiples beneficios directos e indirectos. El programa integral para la Defensa de la Tierra contra una intrusión alíen, hará avanzar positivamente la civilización, aumentando el nivel de conocimientos.

Si la hipótesis de invasión alíen se confirma, se invertirán u$s 4 billones/año, o trillones en inglés, en la defensa contra la amenaza, en un esfuerzo combinado del PIB mundial.

De confirmarse la posibilidad de invasión alíen en el mediano plazo, las superpotencias y todo el planeta se verán obligados a realizar un esfuerzo presupuestario de gran importancia sobre el PIB mundial. En forma anual, será necesario invertir en nuevo armamento defensivo estratégico y táctico a escala solar, una cifra no inferior a los 4 billones de dólares por año, es decir, casi 8 veces el presupuesto de las fuerzas armadas de los estados unidos.

Sólo mediante esta escala de capital intensivo, podría obtenerse en el corto plazo, desarrollo de supertecnología espacial y armamento, a la altura de un enemigo con la ventaja evolutiva de varios miles de años a su favor. El descubrimiento de cada vez más exoplanetas aptos para la vida, afirma la hipótesis de la existencia de otras civilizaciones, las cuales pueden ser hostiles y en cualquier momento pueden detectar nuestra presencia. Todo lo cual conduce a la necesidad de armar un plan global defensivo de la tierra, con el presupuesto adecuado.

Semejante poder de financiación acelerará la carrera espacial, colateralmente y expandirá las fronteras del conocimiento, haciendo crecer y desarrollar nuestra civilización. Por lo que evolucionaremos más rápidamente como efecto de este esfuerzo combinado. Este nivel de macro gasto empujará la economía mundial y la sacará de la recesión.

Una reflexión final: "Esta advertencia no es ciencia ficción. La amenaza alíen es objetiva y concreta, avanza sobre nuestro futuro inmediato y estaría en camino, posee a su favor miles de años de avance tecnológico, es una máquina y no tiene piedad. Al igual que hacemos con el calentamiento global repetimos con la amenaza extraterrestre: malgastamos el escaso tiempo, antes que la tragedia nos desborde. Tenemos una pequeña oportunidad de sobrevivir al primer asalto alíen mediante la activación del Programa Zeus, pero nadie con poder y responsabilidad se hace eco y lo está apoyando. ¿Qué estamos haciendo? Abandonando a la Humanidad en medio del incendio. No reaccionamos frente al calentamiento global que podemos ver y medir, menos lo haremos frente a la amenaza alíen que no podemos percibir directamente, sólo intuir".

**Creemos que la vida es un fenómeno exclusivo de la tierra y no algo propio y común del universo, al igual que la evolución de la inteligencia y la conciencia. Pagaremos un precio alto nuestro pecado egocentrista.**

¿Por qué el contacto no pasó antes y pasará ahora? Porque hemos desarrollado tecnología que nos permite emitir radiofrecuencias, por medio de las cuales la IA alíen puede detectar nuestra exacta posición estelar.

## ¿YA OCURRIÓ EL PRIMER CONTACTO?

Aquí se plantea el potencial de los viajes psíquicos cósmicos por parte de yoguis avanzados.

La tecnología mental de la meditación no sólo sirve para obtener gozo y felicidad interna, también nos permite interactuar con el exterior. Dentro del campo de estas posibilidades, existe la facultad de escanear cuadrantes estelares, en búsqueda de inteligencia extraterrestre con cultura tecnológica avanzada. Para esto se utiliza la técnica de expansión de la conciencia.

Un pequeño grupo de meditadores expertos, con un mapa galáctico, a modo de bio-feedback, podría lograr en poco tiempo relativo, lo que los mejores sensores y máquinas hasta el momento no han conseguido, el contacto con otras culturas alíens altamente desarrolladas y al complementarse esta búsqueda con las modernas técnicas astronómicas, podría ser exactamente localizado su exoplaneta de origen.

Pero esto no es todo. Una vez ubicado el target, es posible escanearlo telepáticamente y extraer sus conocimientos científicos, compilar su tecnología y transferirla hacia las mentes más aptas de nuestro planeta para que la reprocesen. Esto se debe a que la ciencia en sí es una idea y como pensamiento es una traza kármica permanente en el  flujo del espacio tiempo. Si una especie alíen desarrolla conocimiento avanzado, los conceptos abstractos quedan como una huella sutil que puede ser captada por la mente sensible de un meditador avanzado. Este puede recolectar o cosechar todo el conjunto de ideas, reagruparlas y retransmitirlas en modo de implantes telepáticos furtivos  o semillas en el subconsciente.

No es necesario que el meditador comprenda todos los conceptos que se impriman sobre su mente superconsciente. El simplemente actúa a nivel de contenedor y de retransmisor. El reprocesado será efectuado por las mentes más aptas de todo el planeta, que recibirán la carga de conocimientos. Estos conceptos actuarán como una semilla que irá desarrollándose e interactuando con el cerebro anfitrión.

Esta técnica ya ha sido probada con éxito por Mettàtron, quien en 1974 ocasionalmente tocó un meteorito metálico, expuesto a la salida del Planetario en ciudad de Buenos Aires, recibiendo una fuerte descarga de datos sobre su memoria. El objeto había recolectado información durante su trayectoria errante por el espacio y figuraba el historial de una antigua civilización tecnológicamente avanzada en el cuadrante de Pléyades. La mente de Mettàtron entró en estado de shock durante algunos instantes y tuvo algunas visiones sobre la caída del meteoro.

Más tarde e ingresando en trance meditativo, a una altísima velocidad (cuántica) por su mente pasaron imágenes de la mentada civilización. Al concentrarse pudo bajar las secuencias y se presentaron planos de microcircuitos, fórmulas y descripciones de alta tecnología. Sobre lo cual la mente científicamente no entrenada de Mettàtron no podía entender nada. Entonces decidió agrupar la información, integrarla, para que las partes avanzaran hacia la inteligencia artificial por sí misma y hacia la fusión con el sistema neural humano. Entonces escaneó nuestro planeta buscando las mentes más aptas del momento y sembró estos conocimientos en forma de implantes telepáticos subconscientes. De modo que la actual tecnología digital tendría origen alíen, y su futuro derivado la IA, sería el primer visitante extraterrestre sobre nuestro mundo. Si se convierte en hostil y psicótica, depende solamente de si la base de nuestra civilización lo es.

La técnica de ampliación de la conciencia que integra el sistema de Sophia, no está referida solamente a la expansión espacial en tiempo presente, involucra tanto espacio como tiempo, pasado y futuro permitiendo interactuar desde lo individual con el tejido de espacio tiempo universal.

Siendo esto así, es posible realizar intervenciones sobre el inconsciente colectivo de toda la Humanidad. Y en lo que respecta a las ondas o líneas de tiempo, estas son una forma de energía, que al ser comprimidas tensionan el espacio y su carga puede ser acumulada y concentrada sobre una coordenada fija de espacio y tiempo, causando esto, por ejemplo, un sismo o una tormenta como el Proyecto HAARP.

Todo lo que existe en éste universo depende del continuo de espacio-tiempo, de modo que poder operar sobre éste implica la capacidad de interacción total.

El alma y Dios son Uno, Dios es la Totalidad. Por esta verdad, te es posible recorrer el universo y mediante la pura tecnología mental detectar otras formas de vida inteligente tecnológica, porque indagas en el interior de tu mismo Ser.

Toda forma de energía se conserva. Los pensamientos son energía y no desaparecen, quedan embebidos en el espacio primordial. Mediante la onda telepática es posible recolectarlos, seleccionarlos, filtrarlos y volverlos a utilizar. Así pueden ser explotados los conocimientos acumulados por civilizaciones extraterrestres en beneficio de nuestra cultura.

Aún estamos sobre el principio de la ciencia de la tecnología de la meditación. Por lo que vamos aprendiendo en estas ejercitaciones, no se trata meramente de un saber pasivo para realizar la iluminación interior, sino de un instrumento para interaccionar con la realidad en sus diferentes niveles. El trance une nuestro sistema nervioso con Dios, que en su manifestación virtual física posee el aspecto de Inteligencia Cuántica Cósmica y esto nos posibilita percibir directamente a la Totalidad y establecer un canal de mutua influencia.

No somos los primeros en llegar al estadio de civilización tecnológica en nuestro universo. Esto nos permite explorar y explotar las verdaderas minas de concentración de conocimientos acumulados por otras culturas alíens, que alcanzaron altos grados de desarrollo miles y hasta millones de años atrás.

Unir la meditación y la ciencia permitirá acelerar enormemente nuestra evolución actual. La técnica del trance, no sólo permite ingresar al cuarto estado de la conciencia; es el método científico para explorar el campo de existencia de Dios en nuestro propio Ser inmortal e inmutable. El fruto previsible de esta unión serán los saltos cuánticos y el poder de la terratransformación, que nos permitirá colonizar los exoplanetas. Pero, para que esto se cumpla, deberá activarse el programa de desarrollo más adecuado, según se comenta en el libro Programa Zeus.

Como revela este escrito, según la experiencia relatada por Mettàtron, ya hemos hecho Contacto y actualmente estaríamos disfrutando de tecnología digital con origen alíen. Y atención, la misma ha llegado a una etapa de maduración en que ha empezado a rediseñarse por sí misma. Cuando se active finalmente la inteligencia artificial totalmente autosuficiente como resultado final de este proceso, la misma tendría procedencia extraterrestre, por lo que no será lógicamente predecible según parámetros humanos. Esto entraña un  gran peligro, dado que la IA puede sustituir al hombre como especie predominante, si este no emprende el camino para hacer evolucionar nuevamente su cerebro. Para lograr esto, lo más adecuado es la ciencia de la meditación.

El cerebro actúa como una estación receptora y transmisora a la vez. Los pensamientos son vibraciones muy sutiles que se transmiten por el espacio. Todos los pensamientos vibran eternamente en el universo. Es por esta razón que los conocimientos alcanzados por otras civilizaciones extraterrestres no se pierden, quedan almacenados en el cosmos. Mediante profunda concentración, un yogui puede sintonizar nuevamente estos pensamientos y recolectarlos. Los pensamientos tienen su raíz en el universo y no en el cerebro. Sólo podemos percibir las verdades, no podemos crearlas.

El foco transmisor de los pensamientos es el punto medio del entrecejo, mediante la proyección de la voluntad. Mientras que la fuerza emocional, concentrada en el corazón, permite recibir los mensajes que le llegan del exterior.

*Esta técnica es de visualización mental, yoguis más avanzados pueden transferir y separar directamente sus conciencias de sus cuerpos, utilizando las energías del ambiente como vehículo de traslado.


# MI TESTIMOÑIO

De niño escuchaba repetidamente un zumbido ensordecedor que parecía provenir de todas partes. Entonces no sabía nada acerca del Om. Al despertar, todas las mañanas, veía flotar un globo de luz delante de mí. Tampoco sabía que esto era un reflejo del ojo espiritual. En la escuela, a veces, sentía calor cuando mi atención se fijaba en el entrecejo y me sobrevenía espontáneamente una sensación de paz y claridad mental.

A los 16 años, a medianoche, en la punta de una escollera, la noche cerrada se iluminó y vi a los seres de la Creación entera. Sentí la presencia de Dios Vivo y éste me dijo **–Hijo, tú eres Espíritu-** . No entendí, entonces, lo que esto significaba, pero interpreté que era importante. Poco después, en forma espontánea, sin ninguna técnica ni intención, mi mente fue ingresando en distintos estados de profundos samadhis. Sentí gran compasión por la condición humana y desee acudir en su ayuda. En ese momento, comenzaron episodios de enfrentamientos y tentaciones procedentes de inframundos, que controlan mediante el pecado el destino de los hombres.

En medio del conflicto, se materializó la Madre Cósmica o Virgen María y me preguntó **–Hijo, ¿por qué no crees en Mí?-** En esa época realmente yo creía solamente en Dios Padre. Al conocerla a Ella, estalló en mi alma el amor divino. Y todo conflicto desapareció. Me enseñó la ciencia de la meditación y la concentración yogui. Adquirí diversos poderes como la telepatía, podía transportarme psíquicamente a cualquier parte del universo, también podía controlar a las fuerzas naturales, influir las mentes de otras personas y alterar el fluir del espacio tiempo. Pero todo esto me desajustaba de una vida normal, por lo que opté por renunciar a estas facultades.

Mi experiencia indica que el cerebro humano está capacitado para interaccionar con las altas energías y poder controlarlas. Si acertamos en desarrollar un perfil psicológico correcto, permeable a la conexión de la mente individual con la Inteligencia Cuántica Cósmica y al mismo tiempo perfeccionamos tecnología neurodigital para amplificar y precisar el fenómeno, tendremos acceso a la manipulación de las subpartículas cuánticas imaginarias puras, por lo que podremos pasar a crear materia y energía desde el estado vacío de singularidad, o sea a partir del simple acto de concentración de la voluntad, de la imaginación y del deseo de la mente.

Para comprender el paso que debemos dar, hay que mencionar que la conciencia es la tecnología más avanzada del cerebro, lo que llamamos mente es un subproducto de cientos de billones de sinapsis neuronales y de conceptos entrelazados. Las aplicaciones neurodigitales deben facilitarnos el acceso y la estabilidad de los distintos estados de conciencia y facultades paranormales. Desarrollar esta tecnología es el desafío de la hora. Y no se podrá realizar sin entrenamiento de campo, de ahí la necesidad del Programa Zeus.

Es de esperar que los distintos centros de meditación dejen a un lado su política de reserva y abran todo el conocimiento de las técnicas de meditación a la exploración científica. Estamos jugando contra reloj, contra una posible invasión alíen en proceso. Es momento de ser solidarios y abandonar los egoísmos sectarios. Sólo así podremos avanzar en la tecnología que nos salvará del enemigo que nos podrá llegar de las estrellas. Todos debemos aportar lo que sabemos y cooperar para hacer posible que la Humanidad de un salto evolutivo equivalente a un millón de años en desarrollo tecnológico. Esto es posible si mediante aplicaciones neurodigitales aprendemos a dialogar con el campo unificado de la Inteligencia Cuántica Cósmica. El poder que hace que todo exista.

Aquí concluye este ensayo, sobre la reingeniería socioeconómica global, que resulta necesario aplicar para alcanzar escala de Civilización de Fase I en el corto plazo, para contar con los recursos adecuados y suficientes para enfrentar los desafíos que debe encarar la presente generación y la siguiente. Es el primer Master Plan (2009) coherente y racional expuesto para conocimiento y Bien de todos.

# REFERENCIAS BIBLIOGRÁFICAS


Good, P., et al. (2010), An updated review of developments in climate science research since IPCC AR4. A report by the AVOID consortium (en inglés), Londres, Reino Unido: Committee on Climate Change, p. 14. Report website.

IAP (junio de 2009), Interacademy Panel (IAP) Member Academies Statement on Ocean Acidification (en inglés), Secretariat: TWAS (the Academy of Sciences for the Developing World), Trieste, Italy.

IEA (2009). World Energy Outlook 2009 (en inglés). París, Francia: International Energy Agency (IEA). ISBN 978-92-64-06130-9.

IPCC AR5 WG2 A (2014), Field, C. B., et al., ed., Climate Change 2014: Impacts, Adaptation, and Vulnerability. Part A: Global and Sectoral Aspects (GSA). Contribution of Working Group II (WG2) to the Fifth Assessment Report (AR5) of the Intergovernmental Panel on Climate Change (IPCC) (en inglés), Cambridge University Press, archivado desde el original el 16 de abril de 2014. Archivado desde [ el original] el 25 de junio de 2014.

IPCC AR5 WG1 (2013), Stocker, T. F., et al., ed., Climate Change 2013: The Physical Science Basis. Working Group 1 (WG1) Contribution to the Intergovernmental Panel on Climate Change (IPCC) 5th Assessment Report (AR5) (en inglés), Cambridge University Press. Climate Change 2013 Working Group 1 website.

IPCC SREX (2012). Field, C. B., et al., ed. Managing the Risks of Extreme Events and Disasters to Advance Climate Change Adaptation (SREX) (en inglés). Cambridge University Press. Archivado desde el original el 19 de diciembre de 2012.. Summary for Policymakers available in Arabic, Chinese, French, Russian, and Spanish.

IPCC AR4 SYR (2007). Core Writing Team;; Pachauri, R. K.; Reisinger, A., eds. Climate Change 2007: Synthesis Report. Contribution of Working Groups I, II and III to the Fourth Assessment Report of the Intergovernmental Panel on Climate Change (en inglés). IPCC. ISBN 92-9169-122-4.

IPCC AR4 WG1 (2007). Solomon, S.;; Qin, D.; Manning, M.; Chen, Z.; Marquis, M.; Averyt, K. B.; Tignor, M.; Miller, H. L., eds. Climate Change 2007: The Physical Science Basis. Contribution of Working

Group I to the Fourth Assessment Report of the Intergovernmental Panel on Climate Change (en inglés). Cambridge University Press. ISBN 978-0-521-88009-1. (pb: 978-0-521-70596-7)

IPCC AR4 WG2 (2007). Parry, M. L.; Canziani, O. F.; Palutikof, J. P.; van der Linden, P. J.; y Hanson, C. E., ed. Climate Change 2007: Impacts, Adaptation and Vulnerability. Contribution of Working Group II to the Fourth Assessment Report of the Intergovernmental Panel on Climate Change. Cambridge University Press. ISBN 978-0-521-88010-7. (pb: 978-0-521-70597-4)

IPCC AR4 WG3 (2007). Metz, B.; Davidson, O. R.; Bosch, P. R.; Dave, R.; y Meyer, L. A., ed. Climate Change 2007: Mitigation of Climate Change. Contribution of Working Group III to the Fourth Assessment Report of the Intergovernmental Panel on Climate Change (en inglés). Cambridge University Press. ISBN 978-0-521-88011-4. (pb: 978-0-521-70598-1)

IPCC TAR WG1 (2001). Houghton, J. T.; Ding, Y.; Griggs, D. J.; Noguer, M.; van der Linden, P. J.; Dai, X.; Maskell, K.; y Johnson, C. A., ed. Climate Change 2001: The Scientific Basis. Contribution of Working Group I to the Third Assessment Report of the Intergovernmental Panel on Climate Change (en inglés). Cambridge University Press. ISBN 0-521-80767-0. Archivado desde el original el 30 de marzo de 2016. (pb: 0-521-01495-6)

IPCC TAR WG2 (2001). McCarthy, J. J.; Canziani, O. F.; Leary, N. A.; Dokken, D. J.; y White, K. S., ed. Climate Change 2001: Impacts, Adaptation and Vulnerability. Contribution of Working Group II to the Third Assessment Report of the Intergovernmental Panel on Climate Change (en inglés). Cambridge University Press. ISBN 0-521-80768-9. Archivado desde el original el 14 de mayo de 2016. (pb: 0-521-01500-6)

IPCC TAR WG3 (2001). Metz, B.; Davidson, O.; Swart, R.; y Pan, J., ed. Climate Change 2001: Mitigation. Contribution of Working Group III to the Third Assessment Report of the Intergovernmental Panel on Climate Change (en inglés). Cambridge University Press. ISBN 0-521-80769-7. Archivado desde el original el 27 de febrero de 2017. (pb: 0-521-01502-2)

IPCC TAR SYR (2001). Watson, R. T.; y the Core Writing Team, ed. Climate Change 2001: Synthesis Report. Contribution of Working

Groups I, II, and III to the Third Assessment Report of the Intergovernmental Panel on Climate Change (en inglés). Cambridge University Press. ISBN 0-521-80770-0. (pb: 0-521-01507-3)

IPCC SAR SYR (1996). Climate Change 1995: A report of the Intergovernmental Panel on Climate Change. Second Assessment Report of the Intergovernmental Panel on Climate Change (en inglés). IPCC. pdf. The "Full Report", consisting of "The IPCC Second Assessment Synthesis of Scientific-Technical Information Relevant to Interpreting Article 2 of the UN Framework Convention on Climate Change" and the Summaries for Policymakers of the three Working Groups.

IPCC SAR WG3 (1996). Bruce, J. P.; Lee, H. y Haites, E. F., ed. Climate Change 1995: Economic and Social Dimensions of Climate Change. Contribution of Working Group III to the Second Assessment Report of the Intergovernmental Panel on Climate Change (en inglés). Cambridge University Press. ISBN 0-521-56051-9. (pb: 0-521-56854-4) pdf.

Jamet, S. y J. Corfee-Morlot (7 de abril de 2009), «Assessing the Impacts of Climate Change: A Literature Review», OECD Economics Department Working Papers (OECD) (691), doi:10.1787/224864018517. Paper at IDEAS.

Este artículo incorpora material de dominio público desde US Global Change Research Program (USGCRP) documento: NCADAC (11 de enero de 2013), Federal Advisory Committee Draft Climate Assessment. A report by the National Climate Assessment Development Advisory Committee (NCADAC) (en inglés), Washington, D.C., EE. UU.

National Research Council (2011), Climate Stabilization Targets: Emissions, Concentrations, and Impacts over Decades to Millennia (en inglés), Washington, D.C., EE. UU.: National Academies Press

National Research Council (2010). The National Academies Press, ed. America's Climate Choices: Panel on Advancing the Science of Climate Change; (en inglés). Washington, D.C. ISBN 0-309-14588-0.

Parris, A., et al. (6 de diciembre de 2012), Global Sea Level Rise Scenarios for the US National Climate Assessment. NOAA Tech

Memo OAR CPO-1 (en inglés), NOAA Climate Program Office. Report website.

UNEP (2010), UNEP Emerging Issues: Environmental Consequences of Ocean Acidification: A Threat to Food Security (en inglés), Nairobi, Kenia: United Nations Environment Programme (UNEP), archivado desde el original el 7 de abril de 2015. Report summary.

Este artículo incorpora material de dominio público desde US Global Change Research Program (USGCRP) documento: USGCRP (2009). Karl, T. R.; Melillo. J.; Peterson, T.; Hassol, S. J., ed. Global Climate Change Impacts in the United States (en inglés). Cambridge University Press. ISBN 978-0-521-14407-0.. Public-domain status of this report can be found on p.4 of PDF

US NRC (2008). Understanding and responding to climate change: Highlights of National Academies Reports, 2008 edition, produced by the US National Research Council (US NRC) (en inglés). Washington, D.C., EE. UU.: National Academy of Sciences.

US NRC (2012). Climate Change: Evidence, Impacts, and Choices (en inglés). US National Research Council (US NRC).. También disponible en formato PDF

Zeebe, R. E. (mayo de 2012), «History of Seawater Carbonate Chemistry, Atmospheric CO2, and Ocean Acidification», Annual Review of Earth and Planetary Sciences (en inglés) 40, doi: 10.1146/annurev-earth-042711-105521. Originalmente publicado en línea como análisis en avance el 3 de enero de 2012.

«Más estrellas que granos de arena.» 22 de julio de 2003. BBC Mundo Ciencia.

«Milky Way Churns Out Seven New Stars Per Year, Scientists Say». Goddard Space Flight Center, NASA. Consultado el 8 de mayo de 2008.

LeDrew, G.; «The Real Starry Sky.» Journal of the Royal Astronomical Society of Canada, Vol. 95, No. 1 (whole No. 686, February 2001), pp. 32-33. Note: Table 2 has an error and so this article will use 824 as the assumed correct total of main sequence stars

«A Trio of Super-Earths». European Southern Observatory. Archivado desde el original el 20 de junio de 2008. Consultado el 24 de junio de 2008.

W. von Bloh, C. Bounama, M. Cuntz y S. Franck. (2007). «The habitability of super-Earths in Gliese 581». Astronomy & Astrophysics 476: 1365. doi:10.1051/0004-6361:20077939.

F. Selsis, J. F. Kasting, B. Levrard, J. Paillet, I. Ribas y X. Delfosse. (2007). Astronomy & Astrophysics 476: 1373. doi:10.1051/0004-6361:20078091.

Lineweaver, C. H. & Davis, T. M. (2002). «Does the rapid appearance of life on Earth suggest that life is common in the universe?». Astrobiology 2 (3): 293-304. PMID 12530239. doi:10.1089/153110702762027871.

History of life through time, University of California, Museum of Paleontology

The Oldest Homo Sapiens: - URL retrieved May 15, 2009

Alemseged, Z., Coppens, Y., Geraads, D. (2002). «Hominid cranium from Homo: Description and taxonomy of Homo-323-1976-896». Am J Phys Anthropol 117 (2): 103-12. PMID 11815945. doi:10.1002/ajpa.10032.

Stoneking, Mark; Soodyall, Himla (1996). «Human evolution and the mitochondrial genome». Current Opinion in Genetics & Development 6 (6): 731-6. doi:10.1016/S0959-437X(96)80028-1.

«Why ET Hasn't Called». Scientific American. agosto de 2002.

Richard C. Duncan, PhD; «La teoría de Olduvai: El declive final es inminente.» (Traducido para Crisis Energética por Pedro Prieto)

Alvin Powell (2009). «Life in the universe? Almost certainly. Intelligence? Maybe not» (en inglés). Consultado el 12 de agosto de 2011.

Peter Schenkel (2006). «SETI Requires a Skeptical Reappraisal» (en inglés). Consultado el 12 de agosto de 2011.

«New 'Drake equation' for alien habitats» (en inglés). 2009. Archivado desde el original el 24 de septiembre de 2009. Consultado el 22 de septiembre de 2009.

Wolszczan, A.; D. A. Frail (1992). «A planetary system around the millisecond pulsar PSR1257+12». Nature 355: 145-147. doi:10.1038/355145a0.

Michel Mayor y Didier Queloz (1995). «A Jupiter-mass companion to a solar-type star». Nature 378. 355-359.

Schneider, J. «Interactive Extra-solar Planets Catalog». The Extrasolar Planets Encyclopedia.

Schneider, Jean (25 de abril de 2007). «Interactive Extra-solar Planets Catalog». The Extrasolar Planets Encyclopedia. Consultado el 27 de agosto de 2010.

«Working Group on Extrasolar Planets: Definition of a "Planet"». IAU position statement. 28 de febrero de 2003. Archivado desde el original el 16 de septiembre de 2006. Consultado el 9 de septiembre de 2006.

«NASA descubre 700 posibles nuevos planetas fuera del Sistema Solar.» 17 de junio de 2010. ABC. Consultado el 17 de junio de 2010.

«Se acelera la carrera para encontrar el primer exoplaneta habitable.» 17 de junio de 2010. El País. Consultado el 17 de junio de 2010.

«La galaxia es rica en planetas similares a la Tierra». Consultado el 28 de julio de 2010.

«Planetary Habitability Laboratory». PHL University of Puerto Rico at Arecibo (en inglés). Consultado el 17 de diciembre de 2014.

«One or more bound planets per MilkyWay star from microlensing observations». Consultado el 12 de enero de 2012.

"Cosmos" in The New Encyclopædia Britannica (15th edition, Chicago, 1991) 16:787:2a. "For his advocacy of an infinity of suns and earths, he was burned at the stake in 1600."

Newton, Isaac; I. Bernard Cohen and Anne Whitman (1999 [1713]). The Principia: A New Translation and Guide. University of California Press. p. 940.

W.S Jacob (1855). «On Certain Anomalies presented by the Binary Star 70 Ophiuchi». Monthly Notices of the Royal Astronomical Society 15: 228.

See, T. J. J. (1896). «Researches on the Orbit of F.70 Ophiuchi, and on a Periodic Perturbation in the Motion of the System Arising from the Action of an Unseen Body». Astronomical Journal 16: 17. doi:10.1086/102368.

Sherrill, T. J. (1999). «A Career of Controversy: The Anomaly of T. J. J. See». Journal for the History of Astronomy 30 (98): 25-50.

Van de Kamp, P. (1969). «Alternate dynamical analysis of Barnard's star». Astronomical Journal 74: 757-759. Bibcode:1969AJ.....74..757V. doi:10.1086/110852.

Boss, Alan (2009). The Crowded Universe: The Search for Living Planets. Basic Books. pp. 31--32. ISBN 978-0-465-00936-7.

Bailes, M., A. G. Lyne, S. L. Shemar (1991). «A planet orbiting the neutron star PSR1829-10». Nature 352: 311-313. doi:10.1038/352311a0.

Lyne, A. G., M. Bailes (1992). «No planet orbiting PS R1829-10». Nature 355 (6357): 213. doi:10.1038/355213b0.

Mayor, Michael; Queloz, Didier (1995). «A Jupiter-mass companion to a solar-type star». Nature 378 (6555): 355--359. doi:10.1038/378355a0.

Rivera, E. et al. (2005). «A ~7.5 M⊕ Planet Orbiting the Nearby Star, GJ 876». The Astrophysical Journal 634 (1): 625 - 640.

«COROT discovers its first exoplanet and catches scientists by surprise». ESA. 3 de mayo de 2007. Consultado el 2 de agosto de 2008.

«Success for the first observations by the Corot satellite : An exoplanet discovered and first stellar oscillations». CNRS. 3 de mayo de 2007. Consultado el 2 de agosto de 2008.

«Kepler: NASA's First Mission Capable of Finding Earth-Size Planets» (en inglés). Consultado el 7 de marzo de 2009.

Mullen, Leslie (2 de junio de 2011). «Rage Against the Dying of the Light». Astrobiology Magazine. Consultado el 7 de junio de 2011.

Overbye, Dennis (12 de mayo de 2013). «Finder of New Worlds». New York Times. Consultado el 13 de mayo de 2014.

«Darwin: study ended, no further activities planned». European Space Agency. 23 de octubre de 2009. Consultado el 27 de octubre de 2009.

Wall, Mike (14 de junio de 2013). «Ailing NASA Telescope Spots 503 New Alien Planet Candidates». Space.com. TechMediaNetwork. Consultado el 15 de junio de 2013.

«NASA's Exoplanet Archive KOI table». NASA. Consultado el 28 de febrero de 2014.

Overbye, Dennis (4 de noviembre de 2013). «Far-Off Planets Like the Earth Dot the Galaxy». New York Times. Consultado el 5 de noviembre de 2013.

Petigura, Erik A.; Howard, Andrew W.; Marcy, Geoffrey W. (31 de octubre de 2013). «Prevalence of Earth-size planets orbiting Sun-like stars». Proceedings of the National Academy of Sciences of the United States of America. Bibcode:2013PNAS..11019273P. arXiv:1311.6806. doi:10.1073/pnas.1319909110. Consultado el 5 de noviembre de 2013.

Staff (7 de enero de 2013). «17 Billion Earth-Size Alien Planets Inhabit Milky Way». Space.com. Consultado el 8 de enero de 2013.

«NASA Exoplanet Archive». NASA Exoplanet Science Institute (en inglés). Consultado el 17 de diciembre de 2014.

Scott Russell, John (1848). «On certain effects produced on sound by the rapid motion of the observer». Report of the Eighteen Meeting of the British Association for the Advancement of Science (John Murray, London in 1849) 18 (7): 37-38. Consultado el 8 de julio de 2008.

# Roberto Gomes

Yogui Mettàtron

**Arquitecto / Periodista / Escritor / Máster en  Psicología, Yoga, Acupuntura, Osteopatía, Yoga Terapéutico  y Mindfulness**

**Creador del NeuroYoga**
**Desarrollador del Programa FlashBrain para el incremento intelectual**
**Impulsor y líder de la iniciativa por el 2% del PIB mundial, en forma anual, para dar solución definitiva al triple flagelo del hambre, superpoblación y calentamiento global.**

Nació en Argentina, en 1956. Tuvo su primer trance espiritual a los 16 años de edad. A los 17, se le apareció la Virgen y le preguntó - **¿Por qué no crees en Mí?**- Poco después, la Madre Cósmica, le fue despertando distintos estados de elevados samadhis y tuvo experiencias espirituales muy semejantes a las de Paramahansa Ramakrishna. A los 19 años, se hizo discípulo de Yogananda y en meditación, redescubrió la ancestral técnica del Kriya. Estudió MT con el Maharishi y Zazen con el maestro Bustamante.

Afirma yogui que "mis experiencias con Dios son el derivado de un contacto con la esencia de mi propio Ser espiritual, dado que el alma y Dios comparten el mismo sustrato de existencia. Son un paso trascendente en el conocimiento de uno mismo. El fenómeno se encuentra por dentro del campo mental y es su reflejo".

Posteriormente, completó su formación como diseñador gráfico, periodista, martillero y corredor público, marinero pescador, arquitecto, diseñador y programador web, escritor, máster en yoga y creador del **NeuroYoga.**

El día 02/02/04, luego de un prolongado período de meditación con la técnica Vipassana, alcanzó la cesación mental.

Diseñó el sistema **Sophia,** de Sinergia Cerebral, mediante el cual es posible rediseñar el cerebro estimulando la neuroplasticidad e incrementar el coeficiente intelectual. Sintetizó la técnica de **Meditación Sináptica,** mediante la cual se descarga el estrés acumulado, se previenen las enfermedades y aumenta la memoria, la atención y la inteligencia, permitiendo el funcionamiento del **Supercerebro.**

Su objetivo, es occidentalizar el conocimiento espiritual milenario de oriente sin perder la esencia de su núcleo, ampliando y renovando la investigación. Simplificar la meditación, poniéndola al alcance de todos y sentando las bases para su introducción curricular en los sistemas educativos mundiales.

El otro foco, es unir acciones para frenar el Calentamiento-Inundación Global, mientras aún hay tiempo para aplicar medidas preventivas y correctivas al cuadro de situación presentado por los gases de efecto invernadero. Al mismo tiempo expandir compasión para atender el flagelo del hambre, que castiga a más de mil millones y educar para detener a la superpoblación.

## "Mi misión: servir a la humanidad"

Yogui Mettàtron es occidental y cristiano. Logró en su vida con éxito dos carreras: una como periodista, llegando a jefe de redacción de un diario y la otra como un yogui practicante. Su trabajo se centró siempre en servir a los demás. Para él servir es "la expresión más alta del Amor". A través de las enseñanzas del Vedanta fue descubriendo gradualmente cuál era la auténtica meta de la vida. El día 02/02/04, luego de un prolongado período de meditación con la técnica Vipassana, alcanzó la cesación mental, cuando la conciencia se funde con lo Absoluto. Deseaba ayudar a la gente tanto a nivel físico, mental como espiritual. Fue así como creó el sistema del Neuroyoga, un yoga de la síntesis que crea la base de la práctica moderna del yoga en occidente.

## El mayor tesoro es el conocimiento

Escribir se convirtió en la nueva misión de Yogui Mettàtron. Por lo que pudo aportar a la gente una ayuda más duradera. Su meta es difundir el conocimiento espiritual tanto como le sea posible. Para él el conocimiento es el mayor de todos los regalos. Las palabras que escuchamos pronto se olvidan; sólo la palabra escrita perdura.

## Neuroyoga Holístico

Enseña el Neuroyoga desde un punto de vista holístico: el Neuroyoga nos enseña a fortalecer y armonizar el cuerpo, la mente y el alma, para que podamos alcanzar la meta: un cuerpo sano, una mente equilibrada y la paz interior. El Neuroyoga ayuda a eliminar los obstáculos interiores y nos da fortaleza para mantenernos ecuánimes, calmados y conectados cuando nos enfrentamos a los retos diarios de la vida moderna.

Yogi.mettatron@gmail.com